Terhart · Didaktik

Ewald Terhart

Didaktik

Eine Einführung

RECLAMS UNIVERSAL-BIBLIOTHEK Nr. 18623
Alle Rechte vorbehalten
2009 Philipp Reclam jun. GmbH & Co. KG, Stuttgart
Gesamtherstellung: Reclam, Ditzingen. Printed in Germany 2009
RECLAM, UNIVERSAL-BIBLIOTHEK und
RECLAMS UNIVERSAL-BIBLIOTHEK sind eingetragene Marke
der Philipp Reclam jun. GmbH & Co. KG, Stuttgart
ISBN 978-3-15-018623-7

Reclam

RECLAMS UNIVERSAL-BIBLIOTHEK Nr. 18623
© 2009 Philipp Reclam jun. GmbH & Co. KG, Stuttgart
Gesamtherstellung: Reclam, Ditzingen. Printed in Germany 2016
RECLAM, UNIVERSAL-BIBLIOTHEK und
RECLAMS UNIVERSAL-BIBLIOTHEK sind eingetragene Marken
der Philipp Reclam jun. GmbH & Co. KG, Stuttgart
ISBN 978-3-15-018623-7

www.reclam.de

Inhalt

Auf dem Feld der Didaktik kann man schnell des Guten zu viel tun. Dies gilt zunächst einmal aufgrund von Erfahrungen im Alltag. Ein allzu belehrender Ton im Gespräch, eine allzu suggestiv aufbereitete Ausstellung, eine allzu aufdringlich angelegte Werbekampagne: man spürt die Absicht – und ist verstimmt. Der genannte Vorbehalt gilt jedoch auch für solche Kontexte, in denen Didaktik notwendigerweise und zu Recht zum Zuge kommt: in den Kontexten von Lehren und Lernen, von Schule und Unterricht, von Bildung und Ausbildung. Auch hier erschwert manchmal eine übermäßige didaktische Auf- und Zubereitung der zu vermittelnden bzw. anzueignenden Inhalte und Aufgaben den Lernprozess bzw. senkt ihn auf ein unverantwortlich niedriges Niveau ab.

Ein Zuviel an Didaktik wäre dann gegeben, wenn die Lerngegenstände allzu stark vereinfacht und vereindeutigt werden, bis sie in ihrem Sachanspruch schließlich völlig verschwinden. Diese Gefahr droht, wenn der Lernprozess zu stark und einlinig vorstrukturiert wird oder wenn aus Gründen der didaktischen Unterstützung und Hilfe jede eigenständige und widerständige Erfahrungsmöglichkeit der Schüler vorsorglich beiseite geräumt wird. Eine solche Didaktik nimmt dem Lernenden alles ab – im doppelten Sinn. Aber es gibt auch ein didaktisches Zuwenig: Wenn alle Lern-Sachen Ansichtssache sind und jedes Lernen als ein Prozess individueller und interaktiver Konstruktion betrachtet wird, wenn alles Neue selbstständig und selbsttätig eigenaktiv erschlossen werden soll, wenn jedes Lernen ein individuelles Navigieren durch Informationsreservoirs wird, wobei das Ergebnis nur noch berichtet werden kann, es aber nicht mehr bewertet werden darf – dann löst sich die didaktische Aufgabe in das Spiel vielfältiger, beliebiger Konstruktionen auf. In diesem Fall ist jeder sein eigener Didaktiker.

Wie bei vielen praktisch-pädagogischen Fragen, so liegt das Problem der Didaktik in der richtigen Dosierung: Es muss eine situations-, adressaten- und aufgabenspezifische Balance zwischen einem Zuviel und einem Zuwenig an Hilfe und Unterstützung, Anleitung und Führung gefunden werden. Als Lehrender diese Balance finden und halten zu können, ist gar nicht so leicht. Und wie groß der Anteil von wirklichen Naturtalenten am insgesamt mit Lehren beschäftigten Personal im Bildungswesen ist, wagt wohlweislich niemand genau zu beziffern.

Didaktisch kompetent handeln zu können will also gelernt sein und kann auch zu einem sehr großen Teil erlernt werden. Angehende Lehrer gehen mit einem im Studium sowie im Referendariat erworbenen Rüstzeug in die Berufspraxis – und lernen vor diesem Hintergrund dann aus anschaulich-praktischer Erfahrung. Auf der Basis eigener Erfahrung kann ein angehender Lehrer sicherlich die allernotwendigsten beruflichen Fähigkeiten erwerben. Über dieses funktionale Minimum hinaus lassen sich berufliche Erfahrung und Kompetenz jedoch nur dann in Richtung auf anspruchsvollere Fähigkeitsniveaus steigern, wenn sie denkend und urteilend verarbeitet und auf diese Weise zum Ausgangspunkt für weitere, neue Erfahrung gemacht werden. Das aber gelingt nur, wenn folgende Voraussetzungen gegeben sind: Es muss ein Hintergrund, es müssen Begriffe, Denkwerkzeuge und Urteilskategorien zur Verfügung stehen, mit denen man die eigene didaktische Praxis, das eigene lehrende, unterrichtende Handeln und Entscheiden reflektieren kann, um in einen solchen Prozess der produktiven Verarbeitung von beruflicher Erfahrung eintreten zu können.

Diesen Hintergrund kann die Allgemeine Didaktik darstellen. Sie wird dieser Aufgabe aber nur gerecht, wenn sie in ihrem Grundduktus selbst so geartet ist, dass sie die

Reflexion und Weiterentwicklung der eigenen Handlungs-
praxis weder in ein Zuwenig noch in ein Zuviel an Didaktik abgleiten lässt. Um derartige Verengungen möglichst
gar nicht erst aufkommen zu lassen, empfiehlt es sich, mit
geeigneten begrifflichen Mitteln die notwendige Reflexion
auf die eigene didaktische Praxis vorzubereiten, zu unterstützen und zu begleiten. Die Vermittlung der Fähigkeit
zu didaktischem Denken braucht also letztendlich selbst
eine Didaktik.

Die folgende Einführung in die Didaktik, die auf Studi-
enmaterial zurückgeht, das für die Fernuniversität Hagen
erstellt wurde, zielt darauf ab, eine Übersicht über grundlegende Dimensionen und Problemstellungen des didaktischen Denkens und Handelns bereitzustellen. Der Text
setzt keine Erfahrungen mit erziehungswissenschaftlicher
Literatur voraus. Er will angehende, aber vielleicht auch
erfahrene Lehrer zu didaktischer Reflexion anregen.

Münster, Juni 2008 *Ewald Terhart*

... sicht und Ziel

... inge, die schon vom Klang
... zusammengehören. Wenn es
... halte und ihr Verhältnis zuein-
... ortklang natürlich keine Rolle.
... zeichnungen *teaching* und *learn-*
... keineswegs. Aber auch von der
... ren und Lernen im alltäglichen
... auf den ersten Blick eng zusammenzu-
... ielt darauf ab, dass der oder die Belehr-
... nen; Lernen geht vielleicht besonders gut,
... geleitet ist, wenn es also einen Lehrer gibt. Kurz-
... er lehrt – und die Belehrten lernen. Insofern wird
... von unseren Sprachroutinen her immer schon eine sehr
enge Verknüpfung zwischen Lehren und Lernen hergestellt.

Natürlich ist das verdächtig. Die eingespielte enge Verknüpfung lockert sich in dem Maße, je länger man gesondert über die beiden Gegenstände Lehren und Lernen
nachdenkt, und vor allem: je länger man die vermeintlich
enge Relation zwischen beiden Sachverhalten überprüft.
Was meinen wir eigentlich, wenn wir das Wort »Lehren«
benutzen, und was meinen wir bei der Verwendung des
Wortes »Lernen«? Und wie stark ist die Verknüpfung zwischen den beiden so bezeichneten Sachverhalten wirklich,
und zwar gesondert betrachtet auf der Ebene der Worte
und auf der Ebene der Dinge, die wir damit bezeichnen.

Lehren fällt als eine bewusste, zielgerichtete Tätigkeit
zunächst einmal in den Bereich der Kompetenz von Leh-

rern. Sofern diese Lehrer in Bild
pädagogischer Intention Lehren a
fällt die theoretische und empiris
deren Tätigkeit in den Bereich der F
hungswissenschaft. Lehren und Unte
stand der Schulpädagogik, der Allgeme
Unterrichtsforschung. Bei *Lernen* hat r
über mit einem anders gearteten Sach
Lernen geschieht immer! Anders formuli
ein ständig ablaufendes Grundelement der
Existenz und des menschlichen (Selbst-)Erle
wenn unser Alltagswissen das Wort »Lernen«
Situationen reserviert, in denen wir uns bewusst
zentriert etwas Neues aneignen. Lernen ist jedoch
geistigen Grundfunktionen des Menschen.

Die *wissenschaftliche Beschäftigung* mit Lernen fä
nächst einmal in den Bereich der Psychologie. Be
kenswerterweise gehört die Beschäftigung mit Lernen
Allgemeinen Psychologie, die sich mit Grundlagen d
geistigen Prozesse des Menschen befasst. Die Beschäfti
gung mit dem Organisieren von Lernen – also dem Lehren und Unterrichten – fällt dagegen in den Bereich der
Pädagogischen Psychologie und dort in den der Unterrichtspsychologie. Innerhalb der Erziehungswissenschaft
fällt die Beschäftigung mit Lehren und Lernen – wie
schon erwähnt – in den Bereich der Schulpädagogik, der
Allgemeinen Didaktik und Unterrichtsforschung. Die
Unterrichtspsychologie und die Allgemeine Didaktik haben also einen sehr ähnlichen Gegenstandsbereich, gehen
diesen jedoch, wie noch zu zeigen sein wird, in unterschiedlicher Weise an. Jedenfalls wird man bei der nähe-
ren Befassung mit Lehren und Lernen letztlich immer
auch über das Verhältnis von psychologischen Erkenntnissen und pädagogischen Konzeptionen, allgemeiner:
von Psychologie einerseits und Pädagogik bzw. Didaktik
andererseits sprechen müssen.

So gesehen ist das Verhältnis von Lernen und Lehren etwas asymmetrisch: Wir lernen ununterbrochen, aber wir lehren nicht ununterbrochen, und glücklicherweise werden wir auch nicht permanent belehrt. Darüber hinaus ist unmittelbar einsichtig, dass nicht jedes Lehren *auch tatsächlich* zum Lernen auf Seiten der Belehrten führt. Wäre dies grundsätzlich und immer so, wäre Lehrerarbeit viel leichter!

Ziel des ersten Teils dieser Einführung in Themen und Probleme der Didaktik ist es, in die Grundlagen von Lehren und Lernen und in deren Beziehung zueinander einzuführen.

- Zu diesem Zweck werden zunächst einige *begriffliche Vorklärungen* unternommen. Dies ist notwendig, denn beim Denken werden Begriffe benutzt, und diese Begriffe müssen möglichst klar sein, damit man klarer denken kann.
- Im Anschluss wird in Form einer Skizze eine Übersicht über die *historische Entwicklung* des institutionalisierten Lehrens und Lernens in Schulen vermittelt.
- Im dritten Kapitel geht es um unterschiedliche *Vorstellungen von Lernen und deren Bedeutung für das Lehren*, also um den Versuch, bestimmte Lernprozesse auszulösen und dadurch auch vorgestellte Lernergebnisse zu erzielen.
- Zunehmend befreit sich das Lernen von speziell dafür vorgesehen Institutionen und Professionen: nicht-organisiertes, informelles, eigenständiges Lernen in *neuen Lernkulturen* wird in dem Maße wichtiger, wie lebenslanges Lernen an Bedeutung gewinnt.
- Das fünfte Kapitel wendet sich stärker der lehrenden *Tätigkeit des Lehrers*, seinen Kompetenzen und Wirkungen zu. Was ist guter Unterricht, was ist ein guter Lehrer, wie wirkt sich seine Kompetenz auf das Lernen der Schüler aus, wie kommt man als Lehrer selbst mit seinem Beruf zurecht?

• Das abschließende Kapitel wendet sich wieder eher grundsätzlichen Fragen zu: Die *modernen Neurowissenschaften* erzeugen immer mehr Erkenntnisse über unser Gehirn. Was bedeutet es, wenn man diese neurowissenschaftlichen Erkenntnisse in einen pädagogisch-didaktischen Kontext bringt?

Gleich an dieser Stelle ein wichtiger Hinweis: Die erfolgreiche Durcharbeitung von Einführungen, Fachbüchern und Spezialdarstellungen zur Didaktik *vermittelt nicht die praktische Fähigkeit zum Unterrichten.* Diese Fähigkeit kann immer nur in konkreten Klassenzimmern erlernt werden und nicht durch das Studium von Texten. Sofern es im Folgenden gelingt, in didaktisches Denken einzuführen und das Nachdenken über Lehren und Lernen, über deren Voraussetzungen, Formen und Folgen anzuregen und weiterzuentwickeln, hat diese Darstellung ihren Zweck erfüllt.

2. Einige kurze begriffliche Vorklärungen

»Lehren ist Lernenmachen« schreibt Willmann (1889, S. 188). Nimmt man dies wörtlich, vollzieht er damit eine in dreifacher Hinsicht optimistische Einschätzung des Beitrags von Lehren für das Lernen:

• als ob nämlich Lehren *immer* Lernen bewirkt, also nie erfolglos sein kann,
• als ob *allein* Lehren das Lernen macht, also nichts anderes zu Lernen führen könnte, und
• als ob Lehren schließlich das Lernen *macht,* also in einem mechanischen Sinn Lernen erzeugt.

Das ist sicherlich so nicht der Fall, und Willmann sieht das sehr wohl. Vielmehr sind alle drei Unterstellungen zu problematisieren: Häufig wird gelehrt, ohne dass überhaupt (oder das Intendierte) gelernt wird. Weiter: Lernen kann natürlich auch stattfinden, ohne dass es durch Lehren angeleitet oder begleitet wird. Schließlich: Die Verbindung zwischen Lehren und Lernen ist nicht kausal-mechanischer Art, denn Lernen ist immer auch Eigenaktivität desjenigen, der lernt.

In diese Überlegungen gehen aber bereits starke Annahmen über tatsächliche oder vermutete Realitäten des Lehrens und Lernens ein. Bevor man Argumente, Erfahrungen und Einsichten zu den Realitäten des Lehrens und Lernens austauscht, sollte man sich klar darüber werden, welche Implikationen in den dabei verwendeten Begriffen »Lehren« und »Lernen« sowie in der Verbindung zwischen diesen Begriffen stecken. Begriffsanalyse mit dem doppelten Ziel (a) der Aufdeckung solcher häufig nicht mitbedachter Implikationen und (b) der damit dann verbundenen Präzisierung des Begriffsgebrauchs sind das hauptsächliche Arbeitsfeld der analytischen Philosophie der Erziehung.

Die sprachanalytische Erziehungsphilosophie mit ihrer Konzentration auf die Analyse und Kritik der im Reden über Erziehung und Unterricht verwendeten Begriffe unterscheidet in diesem Zusammenhang einen *Erfolgsbegriff* des Lehrens von einem *Absichtsbegriff* (vgl. Terhart 1977; ausführlich Oelkers 1985, S. 158 ff.).

• Unter Zugrundelegung des *Erfolgsbegriffs* wird einer Aktivität nur dann die Bezeichnung »Lehren« zugesprochen, wenn auch gelernt wird, Erfolg also eingetreten ist. Bleibt dieser aus, hat dann eben per definitionem kein Lehren stattgefunden. Hier wird also auf begrifflicher Ebene ein überaus enges, inklusives Verhältnis zwischen Lehren und Lernen behauptet. So gesehen, beinhaltet die Verwendung des Begriffs »Lehren« immer schon das Vorliegen der Tatsache Lernen. Die Frage ist dann natürlich, wie man diejenigen Aktivitäten eines Lehrers im Unterricht bezeichnet, die nicht zum Lernen geführt haben. Das wäre dann pure Kommunikation und Interaktion – oder bestenfalls ein Lehrversuch. Im Grunde ließe sich eine Aktivität des Lehrers immer erst *nach* der Feststellung ihres Erfolges im Lernen der Schüler als Lehren qualifizieren. Damit aber entsteht die Aufgabe, »Erfolg« näher zu bestimmen: Wie schnell muss er eingetreten sein? Ist es ein Erfolg, wenn ein anderes als das durch die Lehre angestrebte Lernen eingetreten ist? Und schließlich: Was ist zu tun, wenn *einige* Schüler gelernt haben, andere nicht. Ein und dieselbe Tätigkeit des Lehrers wäre dann Lehren und zugleich Nicht-Lehren!

• Der *Absichtsbegriff* von Lehren dagegen bindet die Verwendung des Begriffs »Lehren« nicht an den Erfolg im Lernen, sondern an das *Vorliegen der Absicht*, durch Lehren bei anderen Lernen auszulösen, zu unterstützen, zu befördern etc. Damit können auch diejenigen Aktivitäten des Lehrers als Lehren bezeichnet werden, die kein oder ein anderes als das angestrebte Lernen zur Folge hatten. Der Absichtsbegriff des Lehrens erhebt darüber hinaus nicht den Anspruch exklusiver Determination: Die Absicht des Lehrens ist vielleicht nur durch Mitwirkung anderer Faktoren realisiert worden. Und schließlich: Es wird kein mechanisches Determinationsverhältnis zwischen Lehren und Lernen behauptet. Umgekehrt wird aber auch nicht davon ausgegangen, dass Lehren und Lernen völlig losgelöst voneinander sind. Oelkers (1985, S. 231 f.) fasst diese Position folgendermaßen zusammen: »Man kann unterrichten, ohne dass Lernen stattfindet, und man kann lernen, ohne unterrichtet zu werden. Das Ziel des Unterrichtens ist es, ein bestimmtes (!) Lernen zu ermöglichen. Aber die Aktivitäten des Unterrichtens sind mit diesem

Ziel situativ wie prozessual nur kontingent verbunden. Dabei mildern subjektive Wahrscheinlichkeitsannahmen diese Kontingenz, aber heben sie faktisch nicht auf.« Oder anders: »Man kann lehren, ohne Erfolg zu haben, aber man kann nicht lehren, ohne es zu intendieren« (ebd., S. 211).

Eine Analogie mag diese Unterscheidungen noch einmal verdeutlichen (vgl. Smith 1977): Wie sieht es eigentlich mit dem Verhältnis der Begriffe »Verkaufen« und »Kaufen« aus? Ein Verkaufen kann es nur geben, wenn es zugleich jemanden gibt, der kauft. Umgekehrt kann es einen Kauf nur geben, wenn zugleich das Gegenstück – »Verkaufen« – stattfindet. (Analog: Wenn A den/die B heiratet, heiratet B auch A.) So gesehen haben wir es bei der Relation der Begriffe »kaufen/verkaufen« mit einer sehr engen Verknüpfung zu tun – so, wie es beim Erfolgsbegriff des Lehrens der Fall ist. Und lässt sich auch ein Absichtsbegriff des Verkaufens finden? Gedanklich ja, denn ein Verkäufer verkauft ja nicht ununterbrochen während der Arbeitszeit. Er wartet darauf, dass ein Kauf zustande kommt, er bereitet alles vor, er versucht, einen Kunden zum Kauf zu bewegen etc. Dieses Handeln wäre dann – streng genommen – nicht »verkaufen« (im Sinne von *erfolgreichem* Vollzug), sondern »verkäufern«: ein Handeln, dass mit der Absicht und als Versuch vollzogen wird, zu einer tatsächlichen Verkauf-/Kauf-Situation zu kommen.

Wozu führen diese zunächst etwas sterilen, vielleicht auch etwas wortklauberisch erscheinenden Überlegungen?

• Erst unter Zugrundelegung des Absichtsbegriffs von Lehren kann man das Verhältnis von Lehren und Lernen als eine sinnvolle Problemstellung ansehen und untersuchen, denn beim Erfolgsbegriff sind Lehren und Lernen per definitionem nahtlos verklammert. Es *kann* dann nichts mehr dazwischen liegen.

- Ebenfalls nur unter Zugrundelegung des Absichtsbegriffs wird die Rede von Unterricht und Lehren als Bedingungen für Lernprozesse verständlich, denn Bedingungen müssen begrifflich von dem getrennt sein, was sie bedingen.
- Weiterhin ist nur der Absichtsbegriff des Lehrens kompatibel mit einem Verständnis von Lernen als aktivem Aneignungsprozess des Lernenden selbst. Wenn nämlich von dessen Aktivität und Eigendynamik, und im Klassenunterricht sogar von vielen verschiedenen Eigendynamiken auszugehen ist, kann Lehren de facto nie über seinen Erfolg, das Lernen verfügen – und dies bringt nur der Absichtsbegriff zum Ausdruck.
- Und schließlich: Es muss zwischen verschiedenen Lernarten oder Lernqualitäten unterschieden werden, für die dann jeweils das Lehren als Bedingungskonstellation nicht nur anders aussieht, sondern sich eben auch anders auswirkt.

Speziell diese letzte Differenzierung innerhalb der Realprozesse von Lehren und Lernen macht deutlich, dass Begriffsanalysen trotz aller Verfeinerung doch noch zu grob ansetzen, wenn sie sich lediglich global mit »Lehren« und »Lernen« sowie deren Verhältnis zueinander beschäftigen. In der Wirklichkeit selbst existieren viele Formen von Lehren und ebenso auch viele Formen, Ebenen und Verläufe des Lernens.

Entsprechend ihrer Aufgabenstellung bleiben analytische Bemühungen immer an die *Ebene der Begriffe* geknüpft und machen auf die Implikationen des Begriffsgebrauchs aufmerksam. Den mit diesen Begriffen belegten Sachverhalten begegnet man nach dem Durchlauf durch solche Analysen mit einer viel differenzierteren Wahrnehmung und vor allem: mit viel mehr Vorsicht. In diesem Sinn ist der Wert analytischer Begriffsexplikation für das Denken über Lehren, Lernen und Unterricht hoch anzusetzen. Über die *Ebene der Wirklichkeit,* über die Sachen selbst, ihre empirisch-materiale Beschaffenheit etc. vermögen Begriffsanalysen selbstverständlich keine Auskunft zu geben. Interessiert man sich für den sachlichen Beitrag von Unterricht und Lehren für das Lernen bzw. das Erreichen bestimmter Lernqualitäten, so ist man auf die Lern- und Unterrichtspsychologie sowie auf die Instrumente und Befunde empirischer Lehr-Lern-Forschung verwiesen. Aber noch einmal: Erst analytische Klarheit und empirische Fundierung *zusammen* vermögen das Erkenntnispotential empirisch-analytischer Erziehungswissenschaft zu entfalten.

3. Zur Geschichte des organisierten Lehrens und Lernens

Die historische Entstehung des organisierten Lehrens und Lernens (in Form eines Unterrichtswesens) ist eng an die Entstehung und Etablierung des Schulwesens sowie an die parallel laufende Verberuflichung der Unterrichtstätigkeit geknüpft. Insofern ist jede Geschichte des organisierten Lehrens und Lernens eng mit der Geschichte der Schule und des Lehrerberufs verwoben. Eine umfassende Geschichte des Unterrichtens liegt in der erziehungswissenschaftlichen Literatur nicht vor; wohl aber existieren zahlreiche, mehr oder weniger breit angelegte Studien zu einzelnen historischen Abschnitten, regionalen Besonderheiten sowie zu Aspekten und Problemen der Geschichte des Unterrichtens und der Lehrerarbeit in einzelnen Schulformen und -fächern. Eine solche Geschichte zu schreiben ist auch deshalb schwierig, weil ein Bild vom tatsächlichen Geschehen in den Klassenzimmern nur noch anhand von mehr oder weniger indirekten Quellen und Indizien (nach)gezeichnet werden kann. – Im Folgenden halte ich mich an die sicherlich grobe und problematische, aber für eine erste Orientierung immer noch brauchbare traditionelle Einteilung in *Antike* (1000 v. Chr. – 500 n. Chr.), *Mittelalter* (500–1500) und *Neuzeit* (ab 1500).

3.1 Antike

Organisierte Unterrichtstätigkeit ist im europäischen Raum bereits seit der Antike bekannt. Die *Antike* bildet also nicht nur den Ursprungsbereich für europäische Philosophie und Bildungstheorie, sondern ebenso auch für die Entstehung eines Schul- und Unterrichtswesens. Die Tätigkeit eines Schullehrers in einer Stadt des antiken Griechenland kann man allerdings bei weitem nicht mit der heutigen Situation vergleichen: Das Unterrichten war eine Art privates Gewerbe, die soziale Stellung der Schullehrer sehr niedrig, ihr Verdienst gering, ihre Methoden nicht selten – für heutige Verhältnisse – brutal und dazu noch vergleichsweise erfolglos. Um die (damals) notwendigen Kulturtechniken zu erlernen, bezahlten die Eltern auf der Elementarschulebene (7.–14. Lebensjahr) verschiedene Sport-, Musik- und Schreiblehrer. Erziehungsaufgaben im weiteren Sinn wurden den verschiedenen ›Kindertrainern‹ aber nicht übertragen. Diese übernahm die Familie selbst bzw. der von ihr angestellte »Paidagogos«, der Knabenführer, der dieser Aufgabe auch in einem kontrollierenden, beaufsichtigenden Sinn nachkam.

Ein Schullehrer – Sammelbezeichnung: »Didaskalos« – vermittelte elementare Kenntnisse und Fertigkeiten als Vorbereitung auf die später ansetzende, eigentliche Bildung und Erziehung in der Jugend- und Erwachsenenphase. Die Kindheit war noch nicht als ein anspruchsvoller pädagogischer Raum entdeckt; irgendeine Vorstellung über die besondere Psychologie des Kindes belastete die Lehrer noch nicht. Der »Unterricht« fand ganz im Sinne eines einfachen Vormachens – Nachmachens statt: »Der Lehrer versteht es nicht, dem Kind den Zugang zum Wissen zu erleichtern. Er erhebt sich nicht über die passive Belehrung. Die antike Schule ist der Typ jener ›rezeptiven Schule‹, die bei den heutigen Pädagogen verschmäht wird. Da die Überlieferung [...] die Ordnung des aufzunehmenden Wissens festgelegt hat, erschöpft sich die Bemühung des Lehrers darin, wiederzukäuen und abzuwarten, bis der Geist des Kindes die hemmende Schwierigkeit überwunden hat. Um über das, was er als Ungelehrigkeit betrachtet, zu siegen, bleibt ihm nur ein Mittel, und er verfehlt nicht, von ihm Gebrauch zu machen: körperliche Züchtigung« (Marrou 1977, S. 304).

In der Höheren Schule (14.–18. Lebensjahr), die von sehr viel weniger Heranwachsenden besucht wurde, änderten sich die Formen des Unterrichtens nicht sonderlich. Wohl aber wurde auf inhaltlicher Ebene der Grundstein für den »Lehrplan des Abendlandes« (Dolch 1959) gelegt, d. h. für die *Sieben Freien Künste* (eher formal und grundlegend: Grammatik, Rhetorik, Dialektik; eher material: Arithmetik, Geometrie, Astronomie, Musik/Musiktheorie) sowie für ein Bildungsideal, welches sich am Begriff des Allgemeinen, der Zweckfreiheit und des Individuellen orientierte. Es war ein *sprachlich-literarisch-ästhetisch* bestimmtes Ideal, das sich auf die Selbstverfeinerung des Einzelnen als letzten Bezugspunkt richtete. Es war zugleich ein ebenso aristokratisches wie traditionsverhaftetes Bildungsideal, welches am Kanon der Klassiker festhielt und allen Erwägungen in Richtung auf eine gesellschaftliche Aktualität oder berufliche Nützlichkeit von Bildung (im Sinne von Ausbildung, Qualifizierung für Berufe) eine Absage erteilte. Auch die spätere inhaltliche und soziale Trennung zwischen »niederer« (bloß praktischer, nützlicher berufsbezogener) und »höherer« (sprachlich-literarischer, wissenschaftlicher, zweckfreier) Bildung ist in gewisser Weise hier bereits vorprogrammiert.

Für den Unterricht heißt dies: Er ist an Sprachlichkeit und Schriftlichkeit (und damit: an Intellekt) gebunden, hat einen definierten Kanon von Inhalten und ist auf die Tradierung des Klassischen gerichtet, dem sich die Individualität der einzelnen Schüler zu beugen hat. Die allgemeine Erziehungs- und Bildungsvorstellung hat den Einzelnen und seinen Anspruch auf Allseitigkeit im Blick und (noch) nicht den umgekehrten Anspruch der Allgemeinheit auf spezialisierte Nützlichkeit des Einzelnen. Das Bildungsproblem wurde eben noch nicht als ein Schul- oder gar Unterrichtsproblem angesehen, sondern als eine Aufgabe der lebenslangen Selbstveredelung. Dies erklärt vielleicht den großen Unterschied zwischen den philosophisch entwickelten hohen Ansprüchen an »Bildung« einerseits und den daran gemessen deutlich bescheideneren Realitäten des Lehrens und Lernens in Schulen und Klassenräumen andererseits – ein Element im Grundmuster abendländischer Bildungtradition, das bis heute Bestand hat.

3.2 Mittelalter

Mit dem Ende der antiken Welt und der Ausbreitung des Christentums wurde die Kirche zur einzigen Institution, in der das Erbe der antiken Tradition in modifizierter Form aufbewahrt und weitergeführt wurde. Das ganze *Mittelalter* über bis weit in die Neuzeit hinein waren Bildungs- und Schulangelegenheiten, waren organisiertes Lehren und Lernen Kirchenbelange. In den Dom- und Klosterschulen wurde der Nachwuchs für den Klerikerstand ausgebildet; die Bildungs- und Lebenswege der Laien verliefen anders und schlossen heutige elementare Kulturtechniken (Schreiben, Lesen) und somit institutionalisierten Unterricht nicht mit ein. Der Unterricht in den genannten klerikalen Schulen verlief weitgehend mechanisch als ein Aufnehmen und Nachvollziehen unbezweifelbarer Inhalte. Selbstständige Durchdringung und Befragung, gar Hinterfragung des kanonisierten Lehrgutes war undenkbar, hätte es doch den Beginn einer möglichen Abweichung, einer Häresie markiert.

In Gestalt der deutschen Schreib- und Leseschulen, die in den größeren Städten im Hochmittelalter gegründet wurden, entstanden dann allerdings weltliche Konkurrenzunternehmen zu den kirchlichen Schulen. »Konkurrenz-«, weil sie sich in ihren Inhalten vom klassischen Kanon lösten und auch beruflich nützliche Kenntnisse vermittelten; »-unternehmen« insofern, als die Schulmeister, die diese Schulen führten, auf privatwirtschaftlicher Basis und mit städtischer Lizenz arbeiteten. Schulehalten war ein durch Zünfte geregeltes Handwerk, das Unterrichten vergleichsweise kunstlos und immer noch unpsychologisch. Es existierte (zunächst) keine Einteilung der »Kundschaft« (also der Unterrichteten) nach Alter oder Fähigkeiten; eine allgemeine Schulpflicht existierte ebenfalls noch nicht. Verfügte ein Schulmeister über Gesellen, konnte er mehrere »Haufen« von Schülern bilden. Gleichwohl wandte sich der Lehrer im Unterricht immer einzelnen Schülern zu; Frontalunterricht vor altershomogenen Gruppen ist eine Erfindung der frühen *Neuzeit*. Bedingt durch diese Schulen wurde zumindest in den großen Städten ein beachtliches Maß an Lesefähigkeit erreicht; die Situation im ländlich-bäuerlichen Bereich war demgegenüber auch weiterhin durch das vollständige Fehlen organisierter Unterrichtung gekennzeichnet. Die Tradierung des Wissens, der Fertigkeiten und der moralisch-sittlichen Regulative des Handelns erfolgte innerhalb des jeweiligen Standes bzw. innerhalb der jeweiligen Herkunftsfamilie durch das Zusammenleben der Generationen und schloss für die allergrößten Teile der Bevölkerung Lese-, Schreib- und Rechenfähigkeit, von weitergehenden Bildungsansprüchen ganz zu schweigen, (noch) nicht mit ein.

3.3 Neuzeit

Die Entstehung eines Schul- und Unterrichtswesens für
alle und in staatlicher Regie wird in dem Maße notwendig,
wie aufgrund der Zunahme des erreichten Wissensstandes
sowie eines beschleunigten gesellschaftlichen Wandels
(neue Wirtschaftsformen, Entstehung des Staates und seiner Ordnungsleistungen etc.) die Weitergabe des kulturell
erreichten Wissens- und Fähigkeitsniveaus durch einfachen Mitvollzug der nachwachsenden Generationen am
Leben der älteren Generationen nicht mehr ausreicht. Die
ökonomisch-technische Entwicklung verlangt ein höheres
Qualifikations- und Disziplinierungsniveau für immer
größere Teile der Bevölkerung. Der Prozess der notwendigen Wissensübertragung, Qualifizierung und Sozialisation lässt sich schließlich nur noch durch ein allgemeines,
vom Staat organisiertes Unterrichtswesen garantieren. In
der *frühen Neuzeit* ist dies der absolutistische, aufgeklärte
Staat, der an nützlichen Untertanen interessiert ist, die er
auf möglichst rationale, effektive, kostengünstige, die sozialen Verhältnisse allerdings nicht gefährdende Weise zu
qualifizieren trachtet. Das Ergebnis ist ein (Zwangs-)Un-
terricht vor Jahrgangsklassen nach dem Prinzip der *Fron-
talmethode*, ein Unterrichtsarrangement, das aus der Verschränkung von Prinzipien der Aufklärung und des Abso-
lutismus entsteht.

Im Zeitraum zwischen 1750 und 1850 findet in Deutschland der Übergang vom althergebrachten »Schulehalten«
zum »Unterrichten« statt (vgl. Petrat 1979, S. 133 ff.). Dies
bedeutet auf der Ebene des Unterrichts organisatorische
und psychologische Umstellungen: Zunächst einmal gibt
es einen Übergang vom Verfahren der Einzelunterweisung
von Schülern zum Verfahren des Klassenunterrichts. Dies
hat z. B. auch Konsequenzen für den Schulbau. Auf psychologischer Ebene wird die alte mechanische Lehrweise,
»bei der kein Unterricht in unserem Verständnis statt(fin-

det)« (ebd., S. 107), durch die Idee eines verständigen Lernens herausgefordert, welches auf elementaren psychologischen Vorstellungen über kindgerechtes Lehren und
Lernen basiert. Die allmähliche Psychologisierung der Unterrichtsarbeit, welche von den pädagogisch und didaktisch interessierten Gelehrten und den Schulmännern der
damaligen Zeit immer wieder gefordert wurde, bildete die
Voraussetzung für die zunehmende Methodisierung des
Unterrichtens – ein Faktor, der nicht wenig zum Selbstbe-
wusstsein der Lehrerschaft beigetragen hat, konnte hierdurch doch auf eine spezifische Kompetenz des Berufs-
standes verwiesen und damit ein Anspruch auf soziale und
ökonomische Statusanhebung begründet werden.

Die Ausbreitung eines Pflichtschulsystems in staatlicher
Regie, die Herausbildung und Etablierung von Klassenunterricht als Frontalunterricht sowie schließlich die *psychologisch abgestützte Methodisierung des Unterrichts* ver-
wandelten allmählich den ebenso uneinheitlichen wie
unübersichtlichen Schul- und Unterrichtsbetrieb der frühen Neuzeit in ein tatsächliches »System« zur organisierten, geplanten Wissens- und Fähigkeitsübertragung von
der alten zur jungen Generation wie auch zur inneren und
äußeren Zivilisierung, oder anders: zur Disziplinierung
der nachwachsenden Generation. Gegenüber der vor-neu-
zeitlichen Situation kann man das in einer gewissen Hinsicht auch als einen Verlust bewerten. Man muss jedoch
auch sehen, dass mit dieser Entwicklung – bis gegen Ende
des 19. Jahrhunderts – die Beteiligung breiter, schließlich
aller Bevölkerungsteile an institutionalisierten Bildungsprozessen, der Abbau des Analphabetismus, die Verallge-
meinerung, Beschleunigung und Intensivierung des Lernens, die allmähliche Verdrängung von Berechtigung qua
Geburt durch Berechtigung qua Bildung(spatent) sowie
schließlich das sehr allmähliche Verschwinden sadistischer
Körperstrafen verbunden ist.

Allerdings: Bis zum Ende des 19. Jahrhunderts hat sich

in den Klassenzimmern eine Kultur des Lehrens und Lernens etabliert, die eher durch administrative Strenge, durch »Schulzucht« und militärischen Geist zu kennzeichnen ist als durch das humanistische und demokratische, auf »Bildung« verpflichtete Gedankengut der Pädagogen und Schulmänner. Zwar wird von ihnen die Ausbreitung des staatlichen Pflichtschulsystems, die verbesserte Ausbildung und Bezahlung der Lehrer etc. als Erfolg gefeiert – zugleich aber wird der Preis hierfür, insbesondere von den Kulturkritikern, Lebensreformern und Reformpädagogen um die Wende vom 19. zum 20. Jahrhundert, als zu hoch angesehen. Diese gespaltene Perspektive der Pädagogen und Didaktiker auf die Staatsschule und die durch sie beförderte Unterrichtskultur ist bis heute ein durchgängiges Element der Schulpädagogik und Didaktik; von hier aus wird auch verständlich, dass man die Schule als Rahmen für Unterricht zwar im Prinzip und mit guten Gründen verteidigt und den Unterricht innerhalb dieses Rahmens zu optimieren versucht, zugleich aber – und ebenfalls mit guten Gründen – kontinuierlich Schul- und Unterrichts*kritik* betreibt. Konsequenz dieser Haltung ist, dass das Bemühen um Verbesserung – also *Reform* – von Schule und Unterricht zu einem der kontinuierlichen Leitmotive des pädagogischen bzw. erziehungswissenschaftlichen Diskurses über schulisches Lehren und Lernen wird.

Insbesondere in der zweiten Hälfte des 20. Jahrhunderts haben Entwicklungen im Bereich der vor- und nachschulischen Bildung stattgefunden, die dazu geführt haben, dass die Schule nicht mehr der überdominante oder gar alleinige gesellschaftliche Bereich ist, in dem institutionalisiertes Lehren und Lernen stattfinden. ›Nach vorne hin‹ im Lebenslauf wird der Kindergarten bzw. generell die frühe Kindheit als Bildungs- und Lernraum aufgebaut, und die Erwachsenenbildung bzw. Weiterbildung gewinnt ›nach hinten hin‹ im Zuge der wachsenden Notwendigkeit le-

benslangen Lernens im Berufs- und Privatbereich immer
mehr an Bedeutung. *Diese Universalisierung des Lernens
im Lebenslauf bedeutet aber gerade nicht die Universalisierung schulisch verfassten Lehrens und Lernens.* Denn
die gegenwärtig viel diskutierten alternativen Lehr- und
Lernformen sowie die Neuen Lernkulturen (vgl. dazu
Kap. I,5)

- entwickeln sich größtenteils außerhalb etablierter Lehr-
  Lern-Institutionen und sind z.T. völlig ent-institutiona-
  lisiert,
- basieren nicht auf institutionell erzwungener Anwesen-
  heit, sondern auf der aktiven Wahl des Lernenden,
- setzen keinen vordefinierten Lehrplan um, sondern bestehen aus von den Lernenden individuell zusammenge-
  stellten Lern-Einheiten,
- betreiben nicht wie die Schule ein ›Lernen auf Vorrat‹,
  sondern statt dessen ein Lernen innerhalb der unmittelbaren Gebrauchssituation,
- beziehen in vielfältiger Weise die Möglichkeiten der
  modernen Kommunikations- und Informationstechno-
  logien ein, und sie
- implizieren nicht selten die zeitweilige Vertauschbarkeit
  zwischen der Position des Lehrenden und des Lernenden.

Setzt sich diese Tendenz der Universalisierung des Lernens im Lebenslauf bei gleichzeitigem Bedeutungsschwund
verschulten Lehrens und Lernens durch, Letzteres vielleicht auch durch den Rückgang staatlicher Ordnungsleistungen im Schulsystem befördert, so wird möglicherweise
ein neues Kapitel in der Geschichte des Lehrens und Lernens aufgeschlagen.

4. Lehren und Lernen – zwischen Psychologie und Didaktik

4.1 Erkenntnisse über das Lernen – Vorgaben für das Lehren?

›Wenn man nur erst die Gesetze und Abläufe des Lernens erkannt hat, so ergibt sich daraus alles Weitere für die methodische Gestaltung des Unterrichts.‹ Dies ist die Grundüberzeugung aller – von Pädagogen so genannten – *psychologischen Didaktiken*: Die Vorstellung, dass man aus den Erkenntnissen über das Lernen gewissermaßen zwanglos und automatisch die Vorgaben für das Lehren, für die Gestaltung von Unterricht abzuleiten vermag, hat Psychologen und immer wieder auch Pädagogen und Didaktiker fasziniert.

Im Zuge der Herausbildung und Verselbstständigung eines schulpädagogischen Wissens und schließlich der Erziehungswissenschaft generell sind insbesondere von der Allgemeinen Didaktik diese Psychologischen Didaktiken immer mit großen Vorbehalten betrachtet worden. Dies hatte inhaltliche Gründe:

- Vor allem wurde immer wieder moniert, dass eine aus Lern- oder Entwicklungspsychologie abgeleitete psychologische Didaktik nichts zum materialen, *inhaltlichen* Aspekt von Bildung und Lernen, zum Problem der Inhaltsauswahl bzw. der Begründung von Inhaltsentscheidungen also, beitragen könne, weil sie sich auf den formalen Aspekt des Arrangierens von Lernen bzw. der Entwicklung von Kompetenzen der Schüler konzentriere.
- Zweitens wurde festgehalten, dass aufgrund des in der Psychologie dominierenden Wissenschaftsverständnisses *normative* Fragen, Begründungen und Entscidun-

gen unberücksichtigt bleiben müssten – diese Fragen aber für erziehungswissenschaftliches Denken und unterrichtliches Handeln von zentraler Bedeutung seien, da man durch Unterricht einen bestimmten Bildungsauftrag zu erfüllen anstrebe.

• Und drittens schließlich wurde betont, dass die Erkenntnisse über Lernen das Lernen lediglich beschreiben und analysieren, wohingegen Lehren und Unterrichten normativ gerichtete konkrete Tätigkeiten seien. Lerntheorie sei deskriptiv; Lehr- oder Unterrichtstheorie dagegen müsse präskriptiv sein, da es letztlich um konkrete Bereitstellung von Lernbedingungen gehe (Loser/Terhart 1977; Weinert 1996).

Besonders einfach gestaltete sich die Abgrenzungsbemühung der Pädagogik und Didaktik in Richtung auf die Lernpsychologie in den – fast möchte man sagen – goldenen Zeiten des *Behaviorismus*. Dessen verhaltenswissenschaftliche Grundannahme lautete, dass Lernen letztlich Verhaltensänderung ist und dass Erkenntnisse über das Lernen eben an beobachtbaren Verhaltensänderungen festgemacht werden müssen. Bei komplexen Organismen lässt sich Verhaltensänderung durch entsprechende Kontrolle der Umwelt dieser Organismen herstellen, und zwar nach einem zunächst einfachen Reiz-Reaktionsschema: Durch geschicktes Manipulieren von äußeren Anreizen, Belohnungen und Bestrafungen kann ich das Verhalten eines solchen Organismus allmählich, aber doch sicher in die von mir gewünschte Richtung bewegen. Wie das im Einzelnen und vor allem im Inneren des Organismus abläuft, ist unerheblich; ich erforsche beobachtbare Reiz-Reaktions-Konstellationen und nutze das so gewonnene Wissen aus, um Verhalten zu beeinflussen.

Nun kann man keineswegs die tatsächliche erfolgreiche Wirkungsweise solcher Strategien der Verhaltensänderung – auch bei Menschen – bezweifeln. Die Frage ist allerdings, ob die damit zu erreichende Art oder Qualität des Lernens tatsächlich den ebenso breiteren wie anspruchsvolleren Aufgabenbereich z. B. von Schule abdeckt. Einfache Verhaltensformung mag beim Erlernen von konkreten Handlungen bzw. Handlungsfolgen und deren Automatisierung hilfreich sein, und ein solches Lernen kommt auch in Schulen vor, aber es erschöpft sich nicht darin. Darüber hinaus wird bei einem solchen Lernverständnis der Lernende zum Manipulierten, den man auf einer sehr einfachen, schematischen Weise anspricht, wohingegen dem Verhaltensformer (und nichts anderes wäre dann ein Lehrender!) eine sehr viel höhere, komplexere Rationalität und Planungsfähigkeit zugesprochen wird.

Aufgrund der Menschenbildannahmen dieses Ansatzes und der methodischen Engführung im Sinne eines reinen Empirismus ließen und lassen sich die Erkenntnisse und Praxisvorschläge der strikt verhaltenswissenschaftlichen Lernforschung vergleichsweise leicht als unpädagogisch, technokratisch etc. abwehren. Hinzu kam, dass in dieser Phase die Lernpsychologie das Verhältnis zwischen der psychologischen *Forschung im Labor* und dem *Praxisfeld des Klassenzimmers* noch gemäß der Idee der schlichten Anwendung von Lerngesetzlichkeiten konzipiert hat: Allgemeine Lerngesetze erklären Lernen und liefern damit die Grundlage für eine Anwendung durch Konstruktion von entsprechenden Technologien. Heute gehört es zu den Binsenweisheiten in der Lernpsychologie,

- dass es solche allgemeinen Lerngesetzlichkeiten menschlichen Lernens, die für schulische Situationen bedeutsam sein können, nicht gibt und
- dass in den Humanwissenschaften das Verhältnis von Erkenntnis und Gestaltung nicht nach dem Muster ›Zuerst allgemeine Gesetze erkennen, dann daraus Technologien ableiten!‹ zu gestalten ist.

4.2 Kognitive Wende und das neue Menschenbild

Die *kognitive Wende* in der Psychologie hat das Verhältnis von Lernpsychologie und Didaktik sicherlich auf eine neue Stufe gehoben. Im Zuge dieser Wende wurden die Menschenbildannahmen der beiden Bereiche zunehmend kompatibel bzw. überlagerten sich; die forschungsmethodische Öffnung der Psychologie zu qualitativen Forschungsverfahren, die eine Rekonstruktion subjektiver Sichtweisen und Binnenwelten ermöglichten, tat ein Übriges hinzu. Lernen bedeutete nun nicht mehr Verhaltensänderung, sondern den Aufbau neuer Denk- und Wissensstrukturen sowie -inhalte. Die vom Behaviorismus postulierte *black box*, für deren Inhalt man sich als Wissenschaftler nicht zu interessieren hat, wurde transparent bzw. mit Annahmen über innere, mentale Vermittlungs- und Verarbeitungsprozesse gefüllt.

Diese kognitive Orientierung hat die Entwicklungs-, Lern-, Denk- und Handlungspsychologie grundlegend verändert; Wahrnehmung von Dingen und Menschen, Informationsverarbeitung und -speicherung, Bewertung von Situationen, Emotionalität, Problembewältigung, Entscheidungen und weitere psychische Funktionen wurden immer als kognitiv, also durch Denken und Wissen vermittelt, gekennzeichnet. Statt um die Formung von Verhalten ging es nun um geordneten Wissensaufbau, um Problemlösefähigkeit, um Meta-Kognition (sich sein Denken vor Augen halten) und Selbst-Reflexivität (die eigene Person zum Gegenstand seines Denkens machen). Zumindest in großen Teilen der kognitiven Orientierung dominierte jedoch noch die des ›Verarbeitens‹ der äußeren Informationen nach innen hin und die Umarbeitung der verarbeiteten Information in Entscheidungen und Handlungen nach außen. Die Verarbeitungs-Metapher erinnert noch an einen Informationsfluss innerhalb eines Computers, und nicht selten stellte sich die kognitive Psychologie den Menschen wie eine Art informationsverarbeitendes System vor. In dem Maße aber, wie dieses System in sich selbst eigene Ordnung, neue Konstruktionen und am Ende Selbstkontrolle und Selbststeuerung aufbaut, erlischt das Bild vom Informationsfluss: Das System wird eigenaktiv.

Von entscheidender Bedeutung für schulische Zusammenhänge war auch, dass die Inhaltlichkeit des Lernens, der zunehmende Kompetenzaufbau, komplexe Beurteilungs- und Bewertungsfragen bis hin zu selbstreflexiven Prozessen nunmehr von der kognitiven Lernpsychologie wie von Schulpädagogik/Allgemeinen Didaktikern gemeinsam erörtert werden konnten. »Inhalte«, »Bedeutung«, »Reflexion« – durch diese und andere Begriffe wurde ein semantisches Feld eröffnet, auf dem man sich verständigen konnte.

In dem Maße, wie diese ›Kognitivierung‹ an Bedeutung gewann, wurde die Idee des Lehrerhandelns als einer simplen, quasi-technokratischen Anwendung von Lerngesetzlichkeiten obsolet, und zwar aus zwei Gründen: Zum einen zeigte die kognitive Orientierung deutlich, dass es solche einfachen Lerngesetzlichkeiten nicht gibt, und zweitens machte sie deutlich, dass nicht nur das Lernen, sondern auch das Unterrichten eine überaus komplexe Tätigkeit ist, die keineswegs in einem kausalen Determinationsverhältnis zum Lernen der Schüler steht. Anders formuliert: Die kognitive Wende schlug nicht nur auf das *Bild des Schülers* und seines Lernprozesses durch, sondern ebenso auf das *Bild des Lehrers*, seines beruflichen Wissens und Handelns. Die Folgen sind bekannt: ein auch international sehr breites Forschungsprogramm zur Lehrerkognition und zum Lehrerhandeln im Rahmen des Experten/Novizen-Paradigmas (Bromme 1992). Auch dadurch wurden Konzepte der pädagogisch-psychologischen Forschung in gewisser Weise zunehmend kompatibler zu pädagogischen und didaktischen Denkgewohnheiten. In der Pädagogik, Didaktik und Lehrerbildung geläufige Diskussionen über den ›guten Lehrer‹, über die Tugenden des Lehrers sowie auch die Debatte um das Verhältnis von Wissenschaftswissen und persönlicher Erfahrungsbildung im Lehrerberuf konnten auf diese Weise mit einer gewissen empirischen Basis versehen werden – übrigens ohne dass man tatsächlich nun präzise, eindeutige Gewissheiten über *den* guten erfolgreichen Lehrer hat ansammeln können (vgl. dazu Kap. I,6).

Wie ordnet sich die empirische Unterrichtsforschung in diese beiden Phasen – die behavioristische und die kognitive – des Verhältnisses von Lernpsychologie und Allgemeiner Didaktik ein? Ihr Entstehungsmotiv in Deutschland war gerade das Scheitern der Idee der Anwendung von Lerngesetzen im Unterricht. An die Stelle dieser alten Vorstellung trat die Idee, dass man – wenn man schulisches Lehren und Lernen untersuchen und hierzu Erkenntnisse gewinnen will – dies *in möglichst natürlichen Situationen* zu tun hat. Es geht nicht länger um Lernen *an sich*, sondern um schulisches und unterrichtliches Lernen, d. h. um Lernen *unter der Bedingung von Lehre*, von Unterricht. Lehr-Lern-Forschung hat insofern eine bereichsspezifische Verknüpfung von lernpsychologischer Forschung und der traditionellen Unterrichtsforschung vollzogen; die Verbindung von Lehren und Lernen geht gewissermaßen von vornherein in die Forschungsperspektive ein und muss nicht erst hinterher durch Ableitungen und Anwendungen hergestellt werden.

4.3 Konstruktivistisches Lernverständnis und Lehren

Die Verhältnisse zwischen Lernpsychologie und Pädagogik sowie Didaktik werden seit einigen Jahren durch den Übergang vom Kognitivismus zum Konstruktivismus erneut verändert. Das *Konstruktions-Paradigma* in seinen verschiedenen Spielarten nimmt sowohl die Idee einer kausalen Erzeugung von Lernen durch Lehren als auch die vorsichtigere Vorstellung von Lehren im Sinne einer Vorstrukturierbarkeit von Informationsverarbeitungsprozessen *noch einmal zurück*. Denn beide im Vorangegangenen skizzierten Ansätze erscheinen dem Konstruktivismus als Varianten des *instruktionalen* Denkens und Handelns: Es gibt Wahrheiten und Inhalte – der Lehrende bereitet sie auf und vermittelt sie – der Lernende nimmt sie auf.

Bei den radikalen Varianten des psychologischen und pädagogischen Konstruktivismus ist Lernen jedoch letztlich gar nicht von außen zu erzeugen: Lernen ist ein eigentätiger Prozess. Lernen kann allenfalls von außen angestoßen werden. Dieser Anstoß von außen kann aber zu gar keinen, zu erwarteten oder zu ungeahnten Folgen führen – der Anstoßende hat dies nicht in der Hand. Eine andere Person etwas lehren zu wollen ist demgemäß letztlich sowohl in sachlicher wie moralischer Hinsicht *unmöglich* geworden. Und ein Weiteres kommt hinzu: Weil im konstruktivistischen Denken alles Wissen, das wir über die Welt da draußen oder über uns selbst haben können, von uns selbst und gemeinsam mit anderen konstruiertes Wissen ist, kann es kein besonders privilegiertes, bevorrechtetes, höheres Wissen irgendeiner Art geben. Weder die Bezugnahme auf empirische Realitäten noch auf irgendeine höhere (jenseitige, spirituelle etc.) Instanz kann eine Aussage vollständig fundieren und sie somit gegenüber anderen Aussagen privilegieren. Aussagen stützen sich immer nur auf Aussagen – und immer so fort. Es gibt lediglich brauchbares und weniger brauchbares Wissen. Wenn aber die These von der Gleichwertigkeit allen Wissens vertreten wird, entfällt tendenziell ein ganz zentrales Element für institutionalisiertes Lehren und Lernen:

• Man weiß vorab eigentlich gar nicht mehr, welches Wissen sich in der Schule zu bearbeiten lohnt.

- Der Prozess der Vermittlung bzw. Be- und Verarbeitung eines solchen Wissens ist nicht zielführend zu organisieren.
- Am Ende kann der Unterschied zwischen erfolgreichem und weniger erfolgreichem Lernen nicht mehr markiert werden, denn alles kann wahr, richtig und erfolgreich sein, solange die Träger dieses Wissens irgendwie damit zurechtkommen.

In den eher gemäßigten Varianten des lernpsychologischen und didaktischen Konstruktivismus kehrt man dann allerdings zur Wirklichkeit der Klassenzimmer zurück und bemüht sich um eine Kombination von Instruktions- und Konstruktions-Paradigma (Gerstenmaier/ Mandl 1995; Reinmann-Rothmeier/Mandl 2001). Die in diesem Kontext empfohlenen Varianten der Gestaltung von Lernumwelten – oder in der Sprache der Didaktik: der Gestaltung von Unterricht – betonen allesamt drei zentrale Elemente: erstens den aktiven, eigentätigen Charakter des Lernenden, zweitens die Situiertheit des Lernens in konkreten Erfahrungs- und Problemkontexten und drittens schließlich die soziale Eingebettetheit allen Lernens in kleinen sozialen Einheiten bzw. in Gemeinschaften (*communities of practice*).

Nimmt man diese drei Elemente zusammen – Eigenaktivität, Erfahrungsbezug, soziale Einbettung – so sind zwar *einerseits* wichtige Prinzipien benannt, die in zahllosen alten und neuen Ansätzen zur Reform von Schule und Unterricht auftauchen. Dies kann man die konstruktivistische Neubeschreibung von in der Pädagogik und Didaktik altbekannter, immer wieder empfohlener *reformpädagogischer Methodenpostulate* nennen. Inhaltlichkeit, der Bezug auf die Sache und ihren Bildungsgehalt – der Ausgangspunkt der bildungstheoretischen Didaktik – wird gleichsam konstruktivistisch verflüssigt. Wie bei jeder Umverlagerung der Aufmerksamkeit von Inhalten auf

Methoden tritt die formale Seite des Lernprozesses in den
Vordergrund. *Andererseits* aber wird bei konstruktivistischen Empfehlungen zur Gestaltung von Lerngelegenheiten wie schon bei reformpädagogischen Forderungen zur
schüler- und handlungsorientierten Unterrichtsgestaltung
ein Problem deutlich: Die genannten Prinzipien sind vielleicht am ehesten in *außer-institutionellen, also informellen*, nicht durch Lehrpersonen angeleiteten Lernkontexten
adäquat.

4.4 Erkenntnisse über das Lernen – Bedeutung
für die didaktische Praxis

Die verschiedenen pädagogisch-didaktischen Theorieansätze und Modelle zum Unterrichten lassen sich auch danach sortieren, ob sie eher von der Struktur der zu vermittelnden bzw. anzueignenden *Inhalte* ausgehen oder aber
von den Eigentümlichkeiten des *Lernprozesses*, wie er sich
auf Seiten der Schüler abspielt bzw. abspielen soll. Die an
den Inhalten ausgerichteten Didaktiken versuchen, aus der
immanenten Struktur der zu vermittelnden Sachverhalte
eine Vorgabe für die sachliche und zeitliche Strukturierung
des Unterrichts zu gewinnen. Die an den Eigenarten des
Lernens wie auch an der Entwicklung der Lernfähigkeit
ausgerichteten *psychologischen Didaktiken* versuchen demgegenüber, aus den Erkenntnissen über das Lernen zu Vorgaben für die Strukturierung des Unterrichts zu kommen.

Beide didaktischen Denktraditionen sind gewissermaßen
Abstraktionen oder Vereinseitigungen des tatsächlichen
Unterrichtsprozesses, der ja grundsätzlich dadurch gekennzeichnet ist, *dass es immer zugleich sowohl um Inhalte und Inhaltsaneignung als auch um Lernen und Lernprozesse geht.* Man kann nicht über nichts unterrichten;
und ein Unterrichten, dass nicht auf das Lernen der Unterrichteten abzielt, ist kein sinnvolles Unterrichten.

Es geht auch gar nicht darum, dem einen *oder* anderen Ausgangspunkt – den Inhalten oder dem Lernen, der materialen oder der formalen Seite – jeweils allein Recht zu geben, eine Prioritätensetzung vorzunehmen oder diese beiden Seiten gegeneinander auszuspielen. Interessanter ist es, danach zu fragen, ob man aus den Erkenntnissen über Lernen gewissermaßen automatisch zu den Vorgaben kommt, wie Lernen zu organisieren, zu verbessern ist. Aus der langen und bewegten Geschichte der Debatte um das Verhältnis von Lernpsychologie und Didaktik weiß man, dass es immer wieder Versuche gegeben hat, Unterrichten als angewandte Lernpsychologie zu beschreiben bzw. auch zu normieren. Diese Versuche sind bislang allesamt gescheitert. Was man über Lernen weiß, ist ein *deskriptiv-analytisches* Wissen, welches im Kontext wissenschaftlicher Forschung gewonnen worden ist. Um Unterricht gestalten zu können, benötigt man *präskriptives Wissen* sowie darüber hinaus *operativ-gestalterische* Fähigkeiten, die sich wiederum nur auf der Basis von Erfahrung und Erfahrungsreflexion aufbauen lassen. Anders: *Wenn man alles über Lernen weiß, weiß man noch nicht alles über die konkrete Erzeugung von erfolgreichem Unterricht.* Aus diesem Grunde hat sich in den letzten Jahrzehnten in der Pädagogischen Psychologie auch ein Wandlungsprozess vollzogen: Während früher in den Handbüchern die Kapitel zu Lernen und Erforschung des Lernens mit einem Abschnitt über die Anwendung dieser Lernprinzipien im Unterricht endeten, wird heute (z.B. in dem sehr bekannten und erfolgreichen Handbuch von Krapp/Weidenmann 2001) neben dem Kapitel zu »Lernen« ein *eigenes* Kapitel zu »Unterrichten und Lernumgebungen gestalten« gestellt. Wenn man etwas über den Unterricht und das Unterrichten erfahren will, muss man den Unterricht selbst erforschen; allgemeine (Labor-)Forschung zum Lernen liefert allenfalls Hintergrundwissen über Lernen. Aus diesem Grund haben sich die For-

schungszweige »Unterrichtspsychologie« bzw. (fachbezogene) »Lehr-Lern-Forschung« etabliert.

Und hinzu kommt: Auch wenn man dieses präskriptive
Wissen hat, ist es immer noch ein weiter und komplizier-
ter Weg bis zum konkreten Können (vgl. z. B. Neuweg
2004). Um eine Analogie zu wagen: Auch wer alle Gesetze und Zusammenhänge der Statik kennt, weiß noch
nicht, wie eine Brücke gebaut wird – noch dazu eine schö-
ne. Allerdings gilt umgekehrt: Keine Brücke lässt sich gegen die Gesetze der Schwerkraft und die Regeln der Statik
bauen.

Für die moderne neurowissenschaftliche, auf die Ge-
hirnfunktionen abhebende Lernforschung und ihre Bedeutung für die Gestaltung von Lehren als Bedingung für
Lernen strukturiert Bruer (1997) das Problem in ähnlicher
Weise. Er behauptet, wie viele andere auch, dass aus der
neurobiologischen Forschung gegenwärtig noch nichts
Bedeutsames für Unterricht und Erziehung resultiert.
Eine entsprechende Brücke bestehe nicht und werde womöglich nie bestehen. Wohl aber bestehen zwei kleinere
Brücken: die zwischen Neurobiologie und Kognitionspsychologie sowie diejenige zwischen Kognitionspsychologie und Erziehung/Unterricht. Das bedeutet: Für Bruer
ist die Kognitionspsychologie das Verbindungsglied zwischen Neurowissenschaft und dem pädagogisch-didaktischen Fragenkreis. Dem kann man zustimmen, wobei es
aber nicht gesichert ist, dass alle Brückenenden genau zu-
einanderpassen.

Nun könnte man einwenden, dass die Erkenntnisse
über das Lernen ja genau darlegen, unter welchen Bedingungen wie gelernt oder eben nicht gelernt wird. In der
empirisch-experimentellen Lernforschung werden ja ge-
zielt, d.h. durch Hypothesen angeleitet, spezielle Lernbedingungen (Lernumwelten) im Labor bzw. in der expe-
rimentellen Situation konstruiert, deren Effekte dann
beobachtet werden. Wenn man die gewonnenen Ergebnis-

se erfolgssicher anwenden wolle, müsse man als Lehrer gewissermaßen diese Experimentalbedingungen nachbauen; tue man dies, könne man analoge Effekte erzeugen. – Diese Annahme gilt aber nur dann, wenn sich die Situation der Praxis gewissermaßen bündig in diejenige des Labors verwandeln ließe. Dies aber ist nicht nur in der Schule bzw. generell in der Erziehung, sondern auch in den Natur- und Technikwissenschaften nicht der Fall. Ich will damit sagen: Es gibt kein direktes Rationalitätskontinuum von der (weitgehend situationsenthobenen) Forschung zur (immer situationsgebundenen) Anwendung, vom Labor in die Wirklichkeit hinein. Die Wissensformen von Wissenschaft (Deskription und Analyse) sind andere als die der Praxis (Konstruktion und Gestaltung).

Auf den angesprochenen Kontext der Neurophysiologie (Gehirnforschung) bezogen: Die Neurophysiologie liefert sicherlich wichtiges und nicht zu ignorierendes Hintergrundwissen über Lernen – aber aus ihr allein sind Maßgaben für erfolgreiches Unterrichten nicht zu deduzieren. Der faktische Prozess des Lehrens und Lernens in den Klassenzimmern läuft nicht unter Laborbedingungen ab. Auch wer alles über das Lernen weiß, kann deshalb allein noch nicht erfolgreich unterrichten. Gleichwohl sollte er so viel wie möglich über Lernen wissen, aber eben auch wissen, dass dies allein nicht ausreicht. Ich bin mir ziemlich sicher, dass man in diesem Kontext eine gewisse Parallele zum Verhältnis zwischen medizinischer Forschung und ärztlicher Heilkunst ziehen kann. Auch dort geht man ja von einem komplexen Durchmischungsverhältnis von abstraktem, geprüftem, wissenschaftlichen Wissen einerseits und der Berücksichtigung situativer bzw. fallspezifischer Besonderheiten andererseits bei der ärztlichen Entscheidungsbildung aus, einem Durchmischungsverhältnis, das ganz wesentlich auch vom persönlichen Erfahrungsaufbau beim Umgang mit kontinuierlicher, letztlich nie ganz zu beseitigender Entscheidungsunsicherheit geprägt ist.

4.5 Welches Lernen wollen wir eigentlich?

Wenn es darum geht, was und wie viel die psychologische Lernforschung zum Lehren und Lernen beitragen kann, so ist es natürlich wichtig zu klären, welche *Art von Lernen* wir eigentlich in den verschiedenen Bildungsinstitutionen – aber vielleicht auch außerhalb dieser – für notwendig, für wichtig und für erstrebenswert halten. Eine interessante Systematisierung der verschiedenen Formen der Ausgestaltung des Zusammenhangs von Lehren und Lernen, von Unterrichtsgestaltung und Lernqualitäten hat der bekannte US-amerikanische Bildungsphilosoph Israel Scheffler (1970) unter dem Titel *Philosophical Models of Teaching* vorgelegt. Ich gehe auf diese Systematisierung ein, weil sie deutlich macht, dass der Begriff »Lernen« sehr unterschiedlich verwendet werden kann bzw. sich auf Prozesse und Abläufe von sehr unterschiedlicher Qualität beziehen kann.

Scheffler versteht Lehren (Unterrichten) erstens als eine Tätigkeit, die intentional auf das Auslösen von Lernen gerichtet ist. Er benutzt also den weiter oben näher gekennzeichneten Absichts-Begriff des Lehrens, nicht den Erfolgs-Begriff. Diese Auslösung von Lernen, so Scheffler weiter, hat auf eine Art und Weise zu geschehen, die die intellektuelle Integrität sowie die unabhängige Urteilskraft der Lernenden respektiert. Durch diese zweite Bestimmung ist ein normatives Kriterium in das Verständnis von Unterrichten eingebaut, wodurch etwa eine Abgrenzung zu Manipulation, Indoktrination, Dressur etc. möglich wird. Obwohl dieses Kriterium auf Annahmen über die Natur und den Status der Lernenden beruht, bleibt aber noch offen, was eigentlich dieses Lernen ist und welche Formen es annehmen kann, auf das die unterrichtende Tätigkeit des Lehrers gerichtet ist. Um das damit eröffnete Feld zwischen der Intentionalität des Unterrichtens, der normativen Limitierung des Unterrichtens durch Hinweis auf die Eigenrechte der Lernenden sowie schließlich der Ausdifferenzierung des Lernbegriffs zu systematisieren, unterscheidet er das »Impression Model«, das »Insight Model« und das »Rule Model« des Lehrens.

(1) Beim *Impression Model* ist das Resultat des Lehrens eine Ansammlung von Wissenselementen ›im‹ Lernenden, die von außen durch die Sinne eingefüttert und ohne aktives Zutun des Lernenden abgespeichert werden. Unterricht muss dann äußeres Material so durch die Rezeptoren schleusen, dass es zu den gewünschten Ablagerungen kommt. Hier liegt ein empiristisches Verständnis von Lernen vor: von außen durch die Sinne nach innen – und sonst nichts! Man erkennt gewisse Affinitäten dieses Modells zum kognitiven Verständnis von Lehren und Lernen: Lernen ist Informationsverarbeitung; Lehren hat dies zu organisieren. Sicherlich wird beim *Impression-Model* die Abhängigkeit der inneren Erfahrungsbildung von äußeren Eingaben positiv aufgenommen und zugleich ein überholtes Verständnis von Lernen als Wieder-Erkennen oder Aktualisieren angeborener Ideen überwunden. Allerdings: Sowohl die Vorstellung von der einfachen Gegebenheit von Elementen in der äußeren Realität wie auch die Annahme der Existenz reiner, inhaltsleerer Kräfte auf der inneren Seite ist philosophisch wie psychologisch fragwürdig. Grundsätzlicher noch: Empirische Erfahrungen kommen nicht in ›reiner‹ Form zustande, sondern sind vermittelt durch einen begrifflichen Apparat, der selbst nicht wiederum schon aus unmittelbaren Erfahrungsdaten ableitbar ist. Damit tritt Sprachlichkeit, damit tritt auch bereits ein gewisses Maß an Konstruktivität zwischen außen und innen. Und schließlich Schefflers letztes Argument: Das *Impression Model* lässt keinen Raum für Innovationen, für kreative Eigenleistungen. Einsicht oder auch eine ›über-die-gegebene-Information-hinausgehende‹, selbsttätige Bildung von Erkenntnissen kann nämlich auch durch noch so geschickte Variation der

Eingaben dann nicht erzeugt werden, wenn man von vornherein von der Passivität des Lernenden ausgeht. Insofern versagt das Modell gerade an der Stelle, »an der die pädagogischen Hoffnungen allererst beginnen« (ebd., S. 382).

(2) Das *Insight Model* steht dem Impression Model diametral gegenüber. Der Wert einer einfachen Übertragung von Wissenselementen wird bezweifelt; nicht das mechanische Aufstapeln von Wissen, sondern die vom Lernenden letztlich immer selbst zu vollziehende Einsicht in Zusammenhänge gilt es durch Lehren zu ermöglichen. Dies kann nicht von außen erzwungen werden, sondern liegt jenseits der Zugriffsmöglichkeiten des Lehrers. Anders ausgedrückt: Information kann man zwar vermitteln, Einsicht jedoch nicht. Einsichten müssen gewonnen werden. ›Unterrichten aber vollendet sich erst in der Einsicht des Schülers‹ (ebd., S. 384). Damit bekommen Lehren und Lernen eine neue Qualität und vor allem ein neues Verhältnis zueinander: Die Aufgabenstellung für den Lehrer und seine methodischen Aktivitäten wird anspruchsvoller, zugleich aber wird er aus der alleinigen Verantwortung für das Entstehen von Lernen und Einsicht entlassen. Mit folgendem Hinweis auf die Grenzen dieses Verständnisses von Lehren und Lernen leitet Scheffler schließlich die Vorstellung des dritten Modells ein: Einsicht in Zusammenhänge könne nicht alles sein, denn es fehle noch die Stufe der kritischen Reflexion, des Austauschens von Argumenten, der Abwägung von *Gründen* sowie der gesamte Bereich der Auseinandersetzung mit moralischen (»praktischen«) Problemen. Dies alles könne durch Einsicht allein nicht – und durch Information allein schon gar nicht – erworben werden.

(3) Damit tritt das *Rule Model* auf den Plan, welches die einfache Wissensakkumulation sowie auch die selbsttätige Bildung von Einsicht in Richtung auf die Auseinandersetzung mit allgemeinen Rationalitätsansprüchen in kogniti-

ver und moralischer Hinsicht überschreitet. Hierdurch
wird ein zusätzlicher Anspruch erhoben: Die Schüler sollen nicht nur etwas lernen (von außen angestoßen und/
oder durch Einsicht erworben), sondern den Sachanspruch selbst sowie schließlich auch den Prozess, in dessen Verlauf sie mit ihm konfrontiert werden, prüfen und
beurteilen lernen. Die Fähigkeit hierzu kann natürlich
nicht vorausgesetzt, sondern muss in Abhängigkeit von
kognitiver, sozialer und moralischer Entwicklung heraus-
gebildet werden. Durch diese Bestimmung wird der Lehrer auf die Anerkennung der entwicklungsfähigen Ver-
nünftigkeit seiner Schüler verpflichtet. Deshalb habe ein
methodisches Arrangieren von Lernbedingungen, welches
psychologische Momente ausnutzt (sei es durch mechanisches Abfüllen mit Wissen, sei es durch Vermittlung von
Einsicht durch Faszination u. a.), zwar seine Berechtigung.
Die anspruchsvollste Form von Lehren und Lernen sei jedoch immer an rationale Argumentation gebunden, wodurch der Faktor der psychologischen Suggestion zurück-
trete zugunsten von zunehmender Autonomie und bewusster Urteilskraft der Lernenden selbst.

   Sicherlich: Schefflers Betrachtungsweise von Lehren
und Lernen, die letztlich die *drei Stufen Wissen – Verstehen – Beurteilen* ausweist, ist geprägt von einer philosophischen Haltung und zunächst einmal ohne jeden unmittelbaren unterrichtspraktischen Nutzen. Diese Systematik
impliziert auch nicht, dass jeder Bereich und jede Phase
des schulischen Lehrens und Lernens gewissermaßen die
höchste Qualitätsstufe zu erklimmen hat. Gleichwohl liefert seine Systematik von Lehr-Lern-Formen oder Lehr-
Lern-Qualitäten einen Einblick in die Zusammenhänge
zwischen Lehren und Lernen, der die Aussagekraft einzelner psychologischer Modelle weit überschreitet und z. T.
starke normative Implikationen mit sich führt. Von einer
solchen Position aus, die man *durchaus bildungstheoretisch* nennen kann, ist das Recht einer Theorie des Lehrens

und Lernens gegenüber einer rein unterrichtspsychologischen bzw. auch neurophysiologischen Interpretation des Lehr-Lern-Prozesses zu verteidigen. Schefflers Systematik lässt deutlich werden, dass es in der Schule und unter einem pädagogischen und bildungstheoretischen Reflexionshorizont nicht einfach nur um Lernen im Sinne von Verhaltensänderung geht, sondern dass bestimmte Qualitäten von Lernen als Prozess und Produkt angestrebt werden, Qualitäten des Lernens, die eben dann auch bestimmte Qualitäten des Lehrens verlangen. Diese Ebene zu erreichen ist selbst ein – zugegeben formales – Bildungsziel der Schule.

5. Neue Lernkulturen

In den vorangegangenen Kapiteln sind Lehren und Lernen fast ausschließlich im Blick auf den formellen bzw. institutionellen *Kontext der Schule* thematisiert worden. Hierin liegt natürlich eine Eingrenzung, denn Lehren und Lernen finden auch außerhalb von Schule und Unterricht statt. Der außerschulische Bereich des Lehrens und Lernens, der Vermittlung und Aneignung von Wissen und Fähigkeiten ist allerdings sehr heterogen strukturiert: Ein Sprachkurs in einer kommerziellen Sprachenschule, Einweisung in Textverarbeitungssysteme als Weiterbildungsmaßnahme eines Arbeitsamtes, eine Vorlesung an der Universität, ein Volkshochschulkurs zum Thema »Nord-Süd-Konflikt«, eine Fahrschule, ein Skikurs, ein Lernprogramm zum Erwerb effizienter Lerntechniken, eine Bürgerinitiative, eine Ausstellung, ein Werbefeldzug zur Einführung eines neuen Produkts. Und schließlich lernen wir alle eigenständig und allein, aber auch voneinander im Alltag, in der Familie, auf Reisen, am Arbeitsplatz, in der Freizeit etc. Hierauf bezieht sich der Begriff des *informellen Lernens*. So will-

kürlich und inhomogen die Zusammenstellung dieser Beispiele auf den ersten Blick auch wirken mag, so weisen sie
doch ein gemeinsames Merkmal auf: Immer geht es darum,
dass im weitesten Sinn gelernt wird bzw. gelernt werden
soll, wobei noch dahingestellt sein mag, ob dies mit oder
ohne pädagogische Ambition, mit oder ohne Anleitung
durch Lehre bzw. Lehrer oder aber selbstorganisiert geschieht.

5.1 Lehren und Lernen
in der Erwachsenenbildung

Aufgrund ihrer institutionellen, personellen sowie inten-
tionalen Heterogenität und Unübersichtlichkeit muss eine
übergreifende Kennzeichnung der Erwachsenenbildung
zunächst notwendig auf einem relativ allgemeinen Niveau
liegen. Unter Erwachsenenbildung werden alle Formen
des organisierten freiwilligen nachschulischen Lehrens
und Lernens bzw. Sich-Bildens verstanden, wobei z. T.
schulische Defizite ausgeglichen bzw. nachgeholt werden
(kompensatorische Funktion) oder aber aufgrund neuer
Problemlagen, Anforderungen und Interessen eine Erweiterung bisheriger allgemeiner und/oder beruflicher Bil-
dungsverläufe angestrebt wird (komplementäre Funktion).
Lernprozesse in der Erwachsenenbildung beziehen sich
auf den beruflichen, den sozialen und politischen, den
kreativen sowie auf den privaten Bereich. Hiermit einher
geht die Tendenz zu einer stärkeren beruflich-qualifikati-
onsbezogenen Ausrichtung der Erwachsenenbildung als
»Weiterbildung«, basierend auf der These von der Notwendigkeit lebenslangen Lernens als Folge des raschen
Wandels beruflicher und sozialer Anforderungen in modernen Industriegesellschaften.
    Der Erwachsenenbildungsbereich ist (immer noch)
sehr viel heterogener strukturiert als etwa das staatliche

Pflichtschulsystem. Verschiedene Träger bieten in verschiedenen Formen und unter Rückgriff auf unterschiedlich ausgebildetes haupt- und/oder nebenamtliches Personal Angebote auf dem »Markt« der Erwachsenenbildung an, und potentielle Interessenten können entsprechend ihren je individuellen Ausgangslagen, Motiven und Bedürfnissen aus diesem Angebot ihre Auswahl treffen – sofern sie sich überhaupt für Angebote der Erwachsenenbildung interessieren (vgl. Freiwilligkeit). Diese »doppelseitige Suchbewegung« (Tietgens 1981) von den Anbietern in Richtung auf die potentiellen Nachfrager und von erwachsenen Bildungsinteressierten in Richtung auf die Angebote ist für das Lehren und Lernen in der Erwachsenenbildung kennzeichnend und unterscheidet es grundsätzlich von der Situation in der Schule: dort wird ein Pensum vorgegeben, und die Teilnahme aller Kinder und Heranwachsenden ist im Rahmen der Pflichtschulzeit verbindlich.

Die Besonderheiten des Lehrens und Lernens in der Erwachsenenbildung lassen sich in institutioneller, personeller, thematischer und prozessualer Hinsicht folgendermaßen kurz verdeutlichen:

(1) *Institutionell* ist zunächst davon auszugehen, dass Erwachsenenbildung nicht in einheitlicher (staatlicher) Trägerschaft und entlang allgemein verbindlicher und detaillierter Pläne etc. durchgeführt wird, sondern von verschiedensten Interessengruppen: Kommunen, Gebietskörperschaften, Kirchen, Kammern, Gewerkschaften, Verbände, Parteien, Vereine, kommerzielle Weiterbildungsunternehmen, Betriebe, staatliche Unternehmen, Massenmedien sowie die Bundeswehr – sie alle betätigen sich mehr oder weniger intensiv im Bereich der Erwachsenenbildung bzw. Weiterbildung, wobei natürlich die spezifischen politischen, weltanschaulichen, berufsständischen und/oder kommerziellen Interessen des Trägers in die Programmgestaltung einfließen. In diesem Zusam-

menhang wird zwischen »öffentlichen« und »freien Trägern« unterschieden: Erstere stehen unter öffentlicher, z. B. kommunaler Verantwortung und sind insofern »frei« von einer bestimmten weltanschaulichen Tendenz bzw. Gesinnung, Letztere sind »frei« vom Staat, aber gebunden an die Interessen und Motive des Trägers. Eine andere Unterscheidung spricht von »offenen« versus »geschlossenen« Angeboten, und zwar je nachdem, ob jedermann oder eben nur die Mitglieder bzw. die Klientel der jeweiligen Anbieterorganisation teilnehmen dürfen. Wichtige juristische Absicherungen erfuhr der Weiterbildungsbereich durch die ca. Mitte der 1970er Jahre entstandenen landesgesetzlichen Regelungen.

(2) In *personeller* Hinsicht ist zu unterscheiden zwischen den in der Erwachsenenbildung verwaltend oder lehrend Tätigen und den Teilnehmern. Eine statistische Übersicht über das gesamte Weiterbildungspersonal liegt nicht vor. Für den Bereich der Volkshochschulen lässt sich immerhin präzise sagen, dass im Jahre 1993 bundesweit den 3684 hauptamtlichen pädagogischen Mitarbeitern ca. 180 000 nebenamtliche Mitarbeiter gegenüberstanden (Faulstich 1996, S. 57). Die Ausbildungswege zum Erwachsenenbildner waren und sind noch immer recht vielfältig und wenig standardisiert. Mit der Einrichtung des Diplomstudienganges Erziehungswissenschaft, Studienrichtung »Erwachsenenbildung« (1969) wurde ein Schritt in Richtung auf Professionalisierung getan, wobei dies allerdings nicht ohne Probleme blieb, denn die Absolventen dieses Studienganges kennen sich zwar sicherlich gut im Bereich der Erwachsenenbildung aus, haben in aller Regel aber keine fachlich-inhaltliche Ausbildung in einem für die Erwachsenenbildung thematisch relevanten Bereich. Insofern werden sie primär planend und disponierend eingesetzt.

Die eigentliche Kursarbeit dagegen wird von den nebenberuflichen Mitarbeitern verrichtet, die wiederum sehr häufig nicht über die didaktisch-methodischen Probleme des Lehrens und Lernens in der Erwachsenenbildung informiert sind. Aus diesem Grunde werden z. B. Weiterbildungsstudiengänge bzw. weiterbildendes Fernlehrmaterial für bereits in der Erwachsenenbildung Tätige angeboten (Weiterbildung von Weiterbildnern). Im Zuge der Bildungsreform hat die Erwachsenenbildung personell einen beträchtlichen Ausbau erfahren, eine Entwicklung, die sich durch die zunehmende Bedeutung von lebenslangem (beruflichen) Lernen weiter verstärkt hat. Die Angebote der Erwachsenenbildung bzw. Weiterbildung werden immer noch primär von Angehörigen bildungsnahen Milieus genutzt; in der Schule erfahrene Bildungsbenachteiligungen bzw. -bevorteilungen werden durch Weiterbildung nicht ausgeglichen, sondern verstärken sich im weiteren Lebenslauf durch milieuspezifisch intensive Teilhabe an Weiterbildung: Wer hat, dem wird gegeben. Das Interesse an der Teilnahme ist in aller Regel sehr spezifisch, d. h., die Teilnehmer wünschen sich, dass ›etwas für sie dabei herauskommt‹, sei es in beruflicher, sozialer oder persönlicher Hinsicht. Dabei dominiert allerdings ganz eindeutig das Bedürfnis nach dem Erwerb von (fachlichen oder allgemeinen) Kenntnissen und Fähigkeiten, die für berufliche Zwecke und Aufstiegsambitionen Vorteile versprechen; dieses Motiv gilt übrigens für alle Schichten. Danach folgen Erwartungen in Richtung auf politische Bildung oder auf Erfüllung individueller geistiger Interessen.

(3) *Thematisch* streut das Angebot in der Erwachsenenbildung sehr breit. Im Allgemeinen wird zwischen berufsbezogenen, allgemein-(politisch, kulturell) bildenden, persönlichkeits- oder identitätsbezogenen sowie kreativen Angeboten unterschieden. Dieses Spektrum geht auf der einen Seite in schulische bzw. betriebliche Unterweisungsformen, auf der anderen Seite in beratende und helfende, sozialpädagogische Angebote über. Ein Steno-Kurs, ein

EDV-Kurs, ein Buchführungskurs, ein Kurs »Geschäfts-
englisch« etc. wären dem erstgenannten thematischen Be-
reich zuzuordnen. Angebote zu Themen wie »Vorurteile
und Feindbilder«, »Basisdemokratie«, »Das neue Weltbild
der Physik«, »Die Kunst der Renaissance«, »Spanisch für
Urlauber« o. a., fallen in den allgemein bildenden Bereich,
»Meine Familie und ich«, »Neue Wege der Partnerschaft«,
»Männerbilder« etc. zielen auf persönlichkeitsbezogene
Lern- und Erfahrungsprozesse ab, und Handarbeits- sowie Kochkurse, Meditationsübungen, Ausdruckstanz,
Töpfern etc. sind dem Kreativbereich zuzurechnen. Zum
Sektor der persönlichen Lebenshilfen gehören Angebote
wie Spielgruppen für junge Mütter/Väter, Selbstfindungs-
übungen für Einzelne oder Paare, Frauen- und Männer-
gruppen, Wochenend-Workshops etc., wobei hier – wie
gesagt – die Übergänge zu Beratung und Therapie fließend sind.

(4) In *prozessualer* Hinsicht ist innerhalb der Erwachsenenbildung ebenfalls eine größere Varietät der Lehr-
und Lernformen festzustellen als etwa in der Schule. Die
Spannweite reicht vom Einzelvortrag über Vortragsrei-
hen, Abendkurse, Wochenendveranstaltungen, mehrwö-
chige Intensivlehrgänge, Tagungen, Podiumsdiskussionen,
Fernlehrgänge, Workshops, Bildungsurlaube, Aufenthalte
in Heimvolkshochschulen, Studienreisen bis hin zu selbst
organisierten Projekten. Die Wahl der jeweiligen Lehr-
und Lernform hängt von den zur Verfügung stehenden
äußeren Möglichkeiten wie auch von der verfolgten didaktischen Ambition ab. Je nach Lehr- und Lernform
verändert sich natürlich auch die Stellung des Veranstal-
tungsleiters. Ebenso ist es für die didaktisch-methodi-
sche Gestaltung von Bedeutung, in welchem Ausmaß die
Teilnahme freiwillig erfolgt (bei bestimmten innerbetrieb-
lichen Fortbildungsmaßnahmen sowie auch bei Umschu-
lungsmaßnahmen des Arbeitsamtes für Arbeitslose ist das
Freiwilligkeitsprinzip stark eingeschränkt), um welchen

Teilnehmerkreis es sich handelt (Alter, Vorkenntnisse, Motive) sowie welcher Lernbereich angesprochen wird (beruflich, allgemein, kreativ, persönlich).

Stellt man diese institutionellen, personellen, inhaltlichen und prozessualen Besonderheiten der Erwachsenenbildung in Rechnung, so kann man in der Tat von einer spezifischen »Fragilität« des Lehrens und Lernens in diesem Bereich sprechen (Tietgens 1981, S. 76). Schon das äußere Zustandekommen, wie vor allem der innere Ablauf von Lehr- und Lernprozessen ist in der Erwachsenenbildung durch ein vergleichsweise hohes Maß an Unsicherheit und Unvorhersehbarkeit bestimmt. In der Literatur wird gerade dieses Charakteristikum jedoch als das positive Merkmal von Erwachsenenbildung bezeichnet: Aufgrund ihrer institutionellen, personellen, thematischen und prozessualen Flexibilität ist es ihr viel eher als dem schwerfälligen, administrativ durchgeregelten Schulwesen möglich, rasch und vor allem teilnehmernah auf neue gesellschaftliche, kulturelle und individuelle Problemlagen zu reagieren.

Aus der Tatsache, dass die Angebote der Erwachsenenbildung sich an Erwachsene richten, welche dieses Angebot aufgrund von Freiwilligkeit nutzen und sich zugleich aufgrund bestimmter Anlässe, Interessen und Bedürfnisse nach dem Prinzip der »didaktischen Selbstwahl« (Raapke) für ein bestimmtes Angebot entscheiden, resultieren Konsequenzen, die die Erwachsenenbildungsdidaktik stark von der Schuldidaktik unterscheiden. Konkret heißt dies, dass man es als Lehrender hier mit Lernenden zu tun hat, die über eine erwachsene Persönlichkeit verfügen, die bereits eine lange Lerngeschichte hinter sich haben, die einen entwickelten Erfahrungshaushalt einbringen, woraus in der Regel eine sehr große Heterogenität der Voraussetzungen in einer Teilnehmergruppe resultiert, und die als Teilnehmer ein spezifisches Interesse auf das von ihnen gewählte Angebot richten. Gerade der zuletzt genannte

Aspekt weist auf die sehr starke Verknüpfung des Lernens in der Erwachsenenbildung mit Problemen und Bedürfnissen aus der alltäglichen Lebenswelt der Teilnehmer hin. Dieser Lebensweltbezug findet in den neueren Ansätzen eine immer stärkere Berücksichtigung: Lehren und Lernen ist nur insofern sinnvoll, als neu gewonnene Erkenntnisse, Erfahrungen und Haltungen eine Bedeutsamkeit für denjenigen Lebensbereich der Teilnehmer gewinnen, aus dem heraus zuerst der Anlass für die Teilnahme entstanden ist. »Teilnehmerorientierung« wird damit zu einem ganz zentralen Prinzip der in der Erwachsenenbildung Tätigen, und zwar sowohl für die makrodidaktische Ebene der Programmerstellung wie für die mikrodidaktische Ebene der Gestaltung von einzelnen Lehr-Lern-Situationen.

5.2 Elemente Neuer Lernkulturen

Findet Lernen in organisierter Form statt, so ist dies in aller Regel mit dem Vorhandensein irgendeiner Form von Lehre (Unterweisung, Anleitung, Unterstützung, Beratung ...) verbunden. Damit verbunden schließen organisierte Lehr-Lern-Prozesse inhaltlich und methodisch artikulierte Lehrpläne oder Lehrprogramme ein, eine juristisch wie psychologisch privilegierte Stellung des Lehrenden, Verfahren der Sortierung und Kanalisierung von Lerngruppen entlang den verschiedenen Entscheidungspunkten eines Bildungswesens sowie einen festgelegten Modus der Erteilung von Berechtigungen und Zertifikaten, die dann gegebenenfalls bestimmte Optionen für weitere Bildungsabsichten eröffnen bzw. verschließen. Organisiertes Lehren und Lernen findet außerhalb des ›gewöhnlichen‹ Lebenszusammenhangs statt; Lernzeit ist ausgelagerte, spezialisierte Lebenszeit, deren Nutzen sich, so das Versprechen, erst sehr viel später erweisen wird.

Die Makro- und Mikroorganisation von Lehr- und Lern-Prozessen ist mit bestimmten Vorteilen verbunden, zugleich aber sind hieran auch bestimmte Nachteile geknüpft. Vor- und Nachteile lassen sich jedoch nicht pauschal gegeneinander aufrechnen, sondern sind je nach Lernanlass, Lerngruppe, Lehrerqualität, Kontext und Lern-Absicht unterschiedlich zu gewichten.

Zum tradierten Selbstverständnis selbstorganisierten Lernens gehört es, sich angesichts dieser Lage von den als negativ beurteilten Aspekten und Folgen des Schul-Lernens kritisch abzusetzen und sich gerade durch den Hinweis auf Entschulung, Freiwilligkeit, radikalen Adressatenbezug etc. positiv zu konstituieren. Denn erst unter der Bedingung von Ent-Institutionalisierung verliert die Formel vom »lebenslangen Lernen« ihren ja immer auch bedrohlichen Charakter. Gleichwohl aber wird dieser Anspruch vor allem im Bereich der Lehr- und Lernmethoden in der Erwachsenenbildung nicht immer eingelöst; dies vor allem dort wo es um enge, betriebsinterne Schulungs- und Trainingsverfahren geht. Damit aber stellt sich die Frage, ob nicht viele bisherige Formen der Erwachsenenbildung entgegen ihrem Selbstanspruch faktisch nicht doch eher eine Art Verlängerung des Schul-Lernens darstellen, und ob deshalb nicht nach viel grundsätzlicheren Alternativen gesucht werden muss, die den abhängig-machenden und -haltenden Charakter von organisiertem und methodisiertem Lehren und Lernen überwinden. Konstruktive Antworten auf diese Fragen werden gegenwärtig im Bereich des mehr oder weniger vollständig selbstorganisierten Lernens entwickelt.

Selbstorganisiertes Lernen wendet sich kritisch gegen Formen und Folgen einer Verschulung und außengesteuerten Methodisierung des Lernens: Gegen die Organisiertheit und damit immer auch gegen eine an allgemeinen Kriterien orientierte administrative Regulation von Lehr- und Lernverhältnissen setzen die Verfechter des selbstorganisierten Lernens das Prinzip der *Befolgung spontaner Lernanlässe durch die Betroffenen* selbst. Hierdurch soll der Situationsbezug gesichert werden. Gegen die Position eines bevorrechtigten Lehrers oder Experten setzt selbstorganisiertes Lernen eine Art gemeinschaftliches Gruppenlernen, in dessen Verlauf jeder je nach Gelegenheit, Kompetenz und Bedarf Lehrender und Lernender sein kann. Damit soll der Entstehung von Expertenkulturen (mit verlängerter oder gar verstärkter Abhängigkeit der Laien) entgegengewirkt, Partizipation auch material möglich werden. Übergreifende, standardisierte Lehrpläne können entfallen, ebenso ein Zertifikationswesen, denn selbstorganisierte Lernprozesse sollen unmittelbar bedürfnis- oder gebrauchswertorientiert ablaufen. Damit wird das herkömmliche schulische Lernen ›auf Vorrat‹ überwunden zugunsten einer direkten Verbindung des Lernens zu erfahrbaren, aktuellen Problemlagen. Hieran geknüpft ist eine optimistische Anthropologie, welche auf die eigendynamischen und selbstregulativen Kräfte der Menschen setzt. Alles in allem wird selbstorganisiertes Lernen von der grundlegenden Idee getragen, die historisch gewordene Absonderung von Lernen und Leben aufzuheben und dadurch die Chancen für ein situationsbezogenes, lebenspraktisch bedeutsames, intrinsisch motiviertes Lernen zu erhöhen.

Geht man davon aus, dass die Etablierung eines öffentlichen Schul- und Unterrichtswesens ein wichtiges Element im Prozess der Entstehung moderner Gesellschaften ist, so ist in dieser Kritik sowie in den hierauf beruhenden Konzepten eine deutliche Absetzbewegung von den ›modernen‹ Schul- und Unterrichtsverhältnissen, vielleicht sogar von modernen Gesellschaften generell zu sehen. (Die Protagonisten der neuen Lernkulturen halten dagegen, dass diese Ausdruck einer zweiten, reflexiven Moderne sind.) Nicht zufällig ist die Entschulungsdebatte ursprünglich von Theoretikern aus der so genannten

»Dritten Welt« ausgelöst worden, die sich gegen den einfachen Export von Bildungsvorstellungen und -institutionen aus den Industrienationen in Entwicklungsländer gewandt haben, weil sie dies für untauglich und sogar gefährlich hielten. Die Kritik blieb jedoch nicht auf die Exportabsichten beschränkt, sondern wirkte zurück auf die Schul- und Bildungskultur der ›exportierenden‹ Länder selbst und verband sich mit dort bereits vorhandenen schul- und institutionenkritischen Positionen. Diese Bündelung verschiedener Ideenströme aus Entschulungsdebatte sowie traditioneller (z. B. reformpädagogischer) und moderner Schulkritik war in den 1980er Jahren im Bereich der sog. *Alternativpädagogik* und der *Alternativschulbewegung* zu beobachten. Eine vollkommen neue und grundsätzlich ›alternative‹ Didaktik und Methodik ist im Rahmen von Schulunterricht jedoch bislang nicht explizit entwickelt worden. Immerhin könnte man bei weitester Auslegung des Begriffs die verschiedenen Postulate einer schüler-, handlungs- und erfahrungsorientierten Unterrichtsplanung und -gestaltung in diesem Sinne ausdeuten. Schulisch verfasste Lehr-Lern-Prozesse scheinen dem radikalen Anspruch auf selbstorganisiertes Lernen derzeit konträr gegenüber zu stehen. In außerschulischen Lehr-Lern-Feldern dagegen sind die Umrisse einer »alternativen Didaktik« schon eher erkennbar (vgl. als Übersicht: Fuhr 1986).

Was sich seit den 1980er Jahren aus der Praxis der Alternativpädagogik und der (damals) Neuen sozialen Bewegungen (Ökologie-, Friedens- und Frauenbewegung etc.) heraus als alternative Didaktik und selbstorganisiertes Lernen an den Rändern des pädagogischen *mainstream* abzeichnete, ist in den 1990er Jahren zur Diskussion um *Neue Lernkulturen* ausgeweitet worden. Derart ausgeweitet hat diese Entwicklung ihren Weg in das pädagogisch-didaktische Establishment gefunden und ist dort mittlerweile prominent vertreten. Deutlicher Ausdruck der Umwandlung von einer zunächst kleinen, kritischen Alternative am Rande zu einer breiten, ja mittlerweile geradezu staatstragenden Massenbewegung ist z. B. das »Forum Bildung«.

Dieses Forum ist vom Bund und von den Ländern eingesetzt worden und hat zwischen 1999 und 2001 in elf Bänden Analysen und Handreichungen zur Bildungs- und Lernentwicklung innerhalb und außerhalb der Schule vorgelegt. In Forum Bildung hat der Staat selbst seine bisherige Konzentration auf die eigene Staats-Schule und vor allem: auf das dort veranstaltete verschulte Lehren und Lernen selbst kritisiert und relativiert. Insofern hat man es mit der Paradoxie zu tun, dass staatliche Stellen sich vielfältige Kritiken, Argumentationen und Konzepte zu eigen machen, die man ursprünglich und eigentlich im Lager alter und neuer Staats- und Schulkritiker sowie Reformpädagogen vermutet hat. So ungewöhnlich ist dies jedoch nicht, denn in gewisser Weise spielt sich die Entwicklung des Schul- und Bildungssystems schon immer im Wechselspiel von staatlicher Modernisierung und deren Verfestigung einerseits und von außen kommenden weiterführenden Reformimpulsen alternativer Art andererseits ab. Letztere haben dann – meistens in gemäßigter Form – doch ihren Nachhall im staatlichen Regelsystem gefunden und dieses vorangetrieben. Dies ist ein unabschließbarer Prozess: Denn die jeweils vorgefundene, reformbedürftige Bildungslandschaft ist schließlich immer das Ergebnis der letzten Reform. Und deshalb kann die Devise nur immer wieder lauten: Neue Reform!

Die Tatsache, dass die Neuen Lernkulturen eine solche Breitenwirkung erfahren konnten, hat sicherlich auch damit zu tun, dass seit Mitte der 1990er Jahre (beginnend mit der internationalen Vergleichsstudie zum mathematisch-naturwissenschaftlichen Unterricht, genannt TIMSS, und dann fortgeführt durch die diversen PISA-Erhebungswellen; vgl. Terhart 2002) das Bildungswesen in sei-

nen Effekten, Prozessen, Strukturen und Voraussetzungen
in der Öffentlichkeit sehr stark kritisiert worden ist. Der
daraus resultierende Handlungsdruck weist in zwei Richtungen:

Zum einen ist aus den in der Tat sehr bedenklichen Resultaten für Deutschland der Schluss gezogen worden,
durch die Erarbeitung allgemein-gültiger und konkreter
Bildungsstandards für die verschiedenen Jahrgangsstufen,
Fächer und Schulformen präzise zu definieren, was eigentlich vom Bildungssystem erreicht werden soll. Dabei
wird die Einführung dieser Bildungsstandards von kontinuierlichen Lernstandserhebungen begleitet, die einer flächendeckenden Systembeobachtung, einem Qualitätsmonitoring ›von oben‹ dienen sollen. Diese Richtung könnte
man als die eher ›harte‹ Reaktion auf PISA bezeichnen:
Genug geredet – nun wird Ernst gemacht!

Zum anderen hat man sich darauf verlegt, eine Art Gesamtrevision des Denkens über Bildung und Lernen, aber
auch der Prozesse und Praktiken des Lehrens und Lernens zu propagieren. Im Mittelpunkt steht dabei die Vorstellung, dass alle bislang getrennten Beteiligtengruppen
des Bildungswesens ›vernetzt‹ zusammen arbeiten müssen.
Vor allem aber brauchen die dergestalt ›Vernetzten‹ ein
völlig neues Verständnis von Lernen. In diesem Verständnis wird Lernen zu einer individuellen und kollektiven
Ressource, zu einer Art personeninternem intellektuellem
Wertstoff, einem Bodenschatz, den man nur noch zu heben und in seinem Potential zu entfesseln und neu zu ›managen‹ braucht, damit alles besser wird. Diese Richtung
könnte man als die eher ›weiche‹ Reaktion auf PISA bezeichnen: Neuem Denken und vielen innovativen Praktiken wird eine Chance gegeben!

Die folgende Gegenüberstellung alter und neuer Lernkulturen verdeutlicht das Gemeinte:

Missverständnisse einer mechanistischen Lerntheorie	Ansätze eines lebendigen Lernens
Die bloße Präsentation von Information durch den Lehrenden führt automatisch zum Lernen.	Relevantes Lernen schließt stets die Veränderung der eigenen Person ein. Wirkliches Lernen ist oft exemplarisches Lernen.
Den Lernenden kann keine Verantwortung für ihren eigenen Lernprozess anvertraut werden.	Lernende besitzen – wie alle Menschen – ein natürliches Potential zum Lernen, das durch eine bessere Ausbildungs-organisation gefördert und entfaltet werden kann.
Lernende betrachtet man am besten als manipulierbare Objekte und nicht als Personen.	Lernen, das auf Eigeninitiative beruht, mit Beteiligung der ganzen Person – Gefühl wie Intellekt –, ist am eindring-lichsten und hat den am längsten anhaltenden Lerneffekt zur Folge.
Prüfungen sind ein geeignetes Mittel, um herauszufinden, welche beruflichen Qualifikationen Lernende erworben haben.	Nachhaltiges und signifikantes Lernen findet statt, wenn der Lerninhalt vom Lernenden als für seine eigenen Zwecke relevant wahrgenommen wird.

Abb. 1: Der Wandel vom toten zum lebendigen Lernen (nach: Arnold/Schüßler 1998, S. 73)

Zur Illustration dient ein längeres Zitat aus der gleichen Veröffentlichung:

»(D)ie Lernkulturen in den Schulen, Betrieben und Erwachsenenbildungseinrichtungen unserer Gesellschaft (müssen) methodischer und pädagogischer werden. An die Stelle einer hierarchischen und patriarchalen Strukturierung müssen pädagogische Erfahrungs- und Sozialisations-Räume treten, die den Lernenden ungeachtet

ihrer Position in der Organisation, des Geschlechts und
der Herkunft freie Entwicklungsmöglichkeiten bieten.
Sie müssen als anregende Lernwelten so gestaltet werden, dass eigenkompetente Wirklichkeitserschließung
durch die Lernsubjekte möglich wird. Nur auf diesem
Wege können dann auch solche Bürger- und Mitarbei-
terqualifikationen entstehen, die den Einzelnen in die
Lage versetzen, auch in gesellschaftlichen und betrieb-
lichen Ernstsituationen selbstständig Problemlösungen
zu entwickeln und umzusetzen, ohne auf vorgegebene
Lösungen ›von oben‹ zu warten.
Richtet man den Blick auf die überlieferten Lernkulturen in unserer Gesellschaft, so kann man allerdings
nicht umhin, eine lähmende Gleichzeitigkeit des Un-
gleichzeitigen festzustellen: gibt es doch beides gleich-
zeitig: die toten Lernkulturen einer frontalunterrichtlich
verkopften Lehre einerseits sowie avantgardistische
Formen einer selbstorganisierten Lernpraxis andererseits [...]« (Arnold/Schüßler 1998, S. 17).

Es lohnt sich, dieses Zitat mehrfach durchzulesen, denn
in ihm sind trotz der modernen Sprachlichkeit sehr viele altbekannte Elemente reformpädagogisch-romantischen Denkens enthalten:

• Geliefert wird eine recht einfache Aufteilung in die Welt
  der alten und der neuen Lernkulturen,
• eine einfache und klare moralische Beurteilung dieser
  zwei Kulturen: die alte ist schlecht, die neue ist und
  wird gut,
• eine damit deckungsgleiche klare Beurteilung der Funktionalität: die alte Lernkultur ist überholt und funktio-
  niert nicht mehr, die neue ist gesellschaftlich und individuell funktionaler,
• der Funktionalismus neuer Lernkulturen wird sich ebenfalls zweifach positiv auswirken: sowohl für die Betriebe

und die Berufswelt als auch für die Gesellschaft und die Demokratie,

• und schließlich hat auch der einzelne Mensch Vorteile: Die alten Lernkulturen hielten ihn in Abhängigkeit gefangen, die neuen ermöglichen eigenkompetente Wirklichkeitserschließung in Beruf und Gesellschaft.

Die abschließende Botschaft von der Gleichzeitigkeit alter und neuer Lernkulturen zeigt einerseits einen gewissen Realismus, aber andererseits vermittelt sie den festen Eindruck, dass neue Lernkulturen auch in rückständigem Umfeld machbar sind: Es geht weiter! Wenn man sehr kritisch sein wollte, könnte man zu dem Eindruck kommen, dass durch solche Argumentationen und Appelle Neues Lernen und Neue Lernkulturen schon beinahe mythologisiert werden: Wenn es nur richtig angelegt wird – ganzheitlich, kooperativ, gehirngerecht etc. –, dann können eigentlich alle alles voneinander lernen, und die Welt geht einer strahlenden Zukunft entgegen …

Realistischer sind da schon die elf Thesen des bereits erwähnten »Forum Bildung« zur neuen Lehr- und Lernkultur, wenngleich auch in ihnen noch Spurenelemente des eben charakterisierten didaktischen (vielleicht besser: methodischen) Messianismus anzutreffen sind (Forum Bildung 2001, S. 8 ff.):

»I. *Individualisierung der Lernprozesse*

Eine neue Lern- und Lehrkultur muss die Individualisierung der Lernprozesse ermöglichen. Das erfordert differenzierte Lernangebote, neue Formen des Lehrens und eine zunehmende Selbststeuerung von Lernprozessen durch die Lernenden. Individuelles Lernen muss durch kooperatives Lernen in Gruppenprozessen ergänzt werden. Wissen und Kompetenzen, die außerhalb von Bildungseinrichtungen erworben werden, sind stärker einzubeziehen.

II. *Verantwortung übernehmen*

Bildung sollte möglichst früh Gelegenheit bieten, Aufgaben für die Gemeinschaft zu übernehmen, demokratisches Handeln zu erleben und zu reflektieren. Bildungseinrichtungen müssen altersentsprechende Formen der Mitwirkung, Mitbestimmung und der Selbstorganisation entwickeln, die auch den Lernprozess selbst mit umfassen. Lernende müssen lernen, Verantwortung für ihr Handeln zu übernehmen und Konsequenzen daraus zu ziehen.

III. *Erwerb von intelligentem und anwendungsfähigem Wissen*

Der Erwerb von intelligentem und anwendungsfähigem Wissen (vgl. Vorläufige Leitsätze ›Bildungs- und Qualifikationsziele von morgen‹) setzt intelligente und anwendungsbezogene Lernprozesse voraus. Der Erwerb von fachlichen Kenntnissen und überfachlichen Kompetenzen muss den gleichen Stellenwert erhalten. Die regelmäßige Reflexion des Lernens muss fester Bestandteil von Unterricht werden. Didaktik und Fachdidaktik müssen in der Aus- und Weiterbildung der Lehrenden einen höheren Stellenwert erhalten.

IV. *Die Rolle der neuen Medien*

Die Fortschritte der Informations- und Kommunikationstechnologie bieten große Chancen zur Unterstützung von Lernen und Lehren in allen Bildungsbereichen. Um diese Chance zu nutzen, sind neben der technischen Ausstattung der Bildungseinrichtungen vor allem neue pädagogische und didaktische Konzepte und eine anwendungsbezogene Personalfortbildung erforderlich.

V. *Bewertung des Erwerbs von überfachlichen Kompetenzen*

Nur wenn überfachliche Kompetenzen genauso anerkannt und bewertet werden wie Fachwissen, werden

Bildungseinrichtungen und Individuen den Wert auf die Vermittlung und den Erwerb von überfachlichen Kompetenzen legen, der heute erforderlich ist. Dafür müssen in allen Bildungsbereichen neue Verfahren der Leistungsbewertung und entsprechende Prüfungsverfahren entwickelt und eingeführt werden.

VI. *Häuser des Lernens schaffen*

Bildungseinrichtungen müssen zu Häusern des Lernens werden. Sie umfassen Lern- und Lebensräume, in denen nicht nur die Lernenden, sondern auch die Lehrenden lernen. Unter Einbeziehung der an der Einrichtung Beteiligten – z. B. Lehrer, Schüler, Eltern – muss ein Programm entwickelt werden, das das Profil der Einrichtung deutlich macht und Grundlage für das Lernen und Lehren sowie für Evaluation ist. Kindertageseinrichtungen und Schulen sind bei der Entwicklung von Programm und Profil zu unterstützen. Schulaufsicht erhält dabei eine neue Beratungsfunktion.

VII. *Öffnung von Bildungseinrichtungen*

Mit der Öffnung von Bildungseinrichtungen für das soziale, kulturelle und wirtschaftliche Umfeld werden Lernprozesse in der Lebenswelt unterstützt und mit der formalen Bildung in Bildungseinrichtungen verknüpft (vgl. Vorläufige Empfehlungen ›Lernen – ein Leben lang‹). Die Einbeziehung der Lebenswirklichkeit der Lernenden in Unterricht, Berufsausbildung, Studium und Weiterbildung ermöglicht das Lernen in Zusammenhängen, unterstützt die gemeinsame Vermittlung von fachlichen und überfachlichen Kompetenzen und fördert die Motivation von Lernenden und Lehrenden.

VIII. *Stärkung der Führungs- und Management-*
        kompetenz

Die Verwirklichung einer neuen Lern- und Lehrkultur hängt wesentlich von der Leitung der Bildungseinrichtung ab. Barrieren, die einer breiten Umsetzung guter Erfahrungen entgegenstehen, liegen häufig im Leitungsbereich. Mitglieder der Leitung sollten unter Berücksichtigung von Kompetenzen, die für die innovative Entwicklung einer Bildungseinrichtung erforderlich sind, und von Managementkompetenzen ausgewählt werden. Sie sollten auf Zeit bestellt werden und eine spezifische Weiterbildung erhalten.

IX.   *Lernende im Mittelpunkt der Lern- und Lehrkultur*

Im Mittelpunkt der neuen Lern- und Lehrkultur in allen Bildungsbereichen steht die möglichst gute individuelle Förderung der Lernenden. Ganztagsschulen können bessere zeitliche Bedingungen für eine individuelle Förderung schaffen und so leichter Lernbedingungen für unterschiedliche Begabungen und Lernvoraussetzungen ermöglichen.

X.   *Veränderte Aufgaben der Lehrenden*

Lehrenden muss Mut gemacht werden, sich am Aufbau einer neuen Lern- und Lehrkultur intensiv zu beteiligen. Dies muss Teil ihres professionellen Selbstverständnisses werden. Sie müssen mehr Zeit für individuelle Förderung und Beratung erhalten. Die Grundlagen für eine neue Lern- und Lehrkultur müssen Gegenstand von Aus- und Weiterbildung der Lehrenden werden.

XI.   *Mitverantwortung der Eltern*

Eltern müssen sich ihrer Verantwortung im Erziehungs- und Lernprozess bewusst sein und stärker bei der Verwirklichung einer neuen Lern- und Lehrkultur in Kindertageseinrichtungen und Schule mitwirken. Dazu gehören die aktive Beteiligung von Eltern an Entwicklung und Umsetzung des Programms der Einrichtung sowie ihre Unterstützung bei der Mitwirkung in der Bildungseinrichtung und bei der Erziehung in der Familie.«

Alles in allem wird in den *Neuen Lernkulturen* die Verantwortung von Institutionen, Lehrplänen, Schul- und Unterrichtsexperten für das Stattfinden und Gelingen des notwendigen Lernens eher reduziert; im Gegenzug wird die Eigeninitiative der Lernenden, ihre Selbstorganisation und Vernetzung betont. Zweitens ist festzustellen, dass zum Zweck der Etablierung neuer Lernkulturen bisher eher getrennt voneinander vorgehende Bildungseinrichtungen formeller und informeller Art aufeinander zuzugehen haben: Schule *und* außerschulische Jugendbildung und Jugendhilfe, staatliche *und* private Bildungsträger, streng berufsbezogene *und* eher allgemein bildende Einrichtungen, Familienberatung, Vorschulerziehung und Fraueninitiativen etc. Und drittens ist die Aufgabe der Idee eines definierbaren, generell notwendigen Wissens, eines Kanons oder gar eines Lehrplans kennzeichnend: Es geht nicht um den Erwerb von Wissen oder die Auseinandersetzung mit Inhalten, sondern um den Erwerb von Kompetenzen des Lernens, der Informationsbeschaffung, des Problemlösens, des Handelns in und für konkrete(n) Gebrauchssituationen. Damit reagiert das didaktische Denken auf grundlegende Veränderungen in Gesellschaft und Kultur: Staatlich organisierte Versorgungs- und Betreuungsleistungen gelten als überholt, ineffektiv und abhängig haltend und werden demgemäß zurückgenommen; statt dessen wird auf Eigeninitiative, Selbstverantwortung und selbstständige, kontinuierlich zu leistende Kompetenzentwicklung gesetzt – auch im Lernen, auch bei der Bildung.

5.3 Prozesse informellen Lernens

Der Begriff des *informellen Lernens*, der seit einigen Jahren eine steile Karriere in der Diskussion um Schule, Bildung und Wissensgesellschaft erlebt hat, ist inhaltlich und definitorisch nur sehr schwer zu fassen. Er geht auf das englische *informal education* oder *informal learning* zurück. Mit informellem Lernen ist dasjenige Lernen der Menschen gemeint, welches nicht in speziellen Bildungsinstitutionen, nicht planmäßig angeleitet und zertifiziert, und auch nicht von Spezialisten (Lehrern) gestaltet wird. In den modernen Industriegesellschaften verbrauchen formale Lernprozesse (in Schulen, Universitäten, Weiterbildungen etc.) immer mehr Lebenszeit von immer mehr Menschen; in den sich erst entwickelnden Gesellschaften nimmt das informelle Lernen, das Lernen im Alltag, das ›natürliche‹ Lernen zwischen den Generationen (das man auch *Sozialisation* nennen könnte) naturgemäß einen sehr viel breiteren Raum ein. Das heißt nicht, dass in modernen Industriegesellschaften nun gar kein informelles Lernen stattfindet. Auch hier existieren formelles und informelles Lernen nebeneinander und ergänzen sich wechselseitig – ja, haben sich z. T. wechselseitig zur Voraussetzung. Besonders gut verdeutlichen lässt sich dies an der Tatsache, dass in der Schule als formeller Lernorganisation neben dem offiziellen Lernen eher unterschwellig ein informelles Lernen auf der Ebene des »heimlichen Lehrplans« immer mitläuft: Schüler müssen lernen, wie man sich in der Schule bewegt und überlebt, wie man mit seinen Kräften haushält, das Zensurensystem strategisch nutzt, wie man Mitschüler und Lehrer für sich gewinnt, wie man täuscht usw. Die Beachtung der Regeln des »heimlichen Lehrplans« kann in manchen Fällen genau so bedeutsam für eine erfolgreiche Schulkarriere sein wie die Erfüllung von Leistungsanforderungen; manchmal ist beides unauflöslich miteinander verwoben.

Die Bedeutung informellen Lernens ist in dem Maße gewachsen, wie das formalisierte, institutionalisierte, professionalisierte Lehren in den staatlichen Schul- und Bildungssystemen in die Kritik geraten ist. Staatliche Pflichtschulsysteme mit zentralen Curricula, Zertifizierungen von Leistungen, speziell ausgebildetem Personal etc. gelten den Verfechtern informellen Lernens als eine Erscheinung des Industriezeitalters und hielten den Anforderungen dieses Zeitalters auch stand. Für die zweite Stufe der Moderne, die Informations- und Wissensgesellschaft, seien sie jedoch zu schwerfällig, zu stark vereinheitlichend und zu wenig individualisiert. Schulen könnten gut eine einheitliche Grundqualifizierung von Menschenmassen für eine relativ stabile, sich nur langsam verändernde Gesellschaft und für gleich bleibende Berufsstrukturen leisten. In radikal beschleunigten Wissens- und Informationsgesellschaften würden sie ihre Funktionalität jedoch verlieren und zum Hemmschuh der Entwicklung werden. Das informelle, nicht institutionalisierte Lernen sei viel eher dazu in der Lage, die immer stärker aus allen herkömmlichen Bindungen befreiten, individualisierten Menschen in Einklang mit dem immer rascher sich vollziehenden Wandel der privaten, beruflichen und gesellschaftlichen Anforderungen zu halten (zum informellen Lernen vgl. Dohmen 2001; Künzel 2005; Otto/Rauschenbach 2004).

Interessant ist, dass die Beachtung und die Karriere informellen Lernens stark durch Forschungen über informelle, nicht institutionalisierte Lernprozesse in wenig entwickelten Ländern bzw. in dortigen Teilmilieus angeregt worden ist. Ethnographisch-psychologische Lernforschung hat sich mit arithmetischen Kompetenzen bei Schneidern zweier Ethnien in Liberia beschäftigt, mit den selbst erfundenen Rechensystemen südamerikanischer Straßenkinder, die sie bei der Teilung von Beute anwenden etc. (Übrigens wird in diesem Kontext auch die Funktion und die Zulässigkeit von Kinderarbeit anders und positiver bewertet als in Wohlstandsgesellschaften. Man sollte diesbezüglich jedoch nicht in Romantisierung verfallen.) In Industrieländern wurden informelle Lernprozesse bei den von formaler Bildung ausgeschlossenen Personengruppen und Milieus, bei regierungskritischen sozialen

Bewegungen, in Freiwilligenverbänden etc. untersucht. In allen diesen Kontexten werden eigenständige, sehr komplizierte Lernleistungen vollzogen, die in Prozess, Inhalt und Ergebnis z. T. sehr weit vom rundum verschulten Denken abweichen, und die weitgehend oder völlig ohne formelle Rahmung und Institutionalisierung auskommen.

Die folgenden Faktoren kennzeichnen informelles Lernen (vgl. Overwien 2005, S. 344):

- Es ist integriert in die Arbeit und tägliche Routine.
- Es ist durch innere und äußere Anstöße ausgelöst.
- Es ist kein sehr bewusster Prozess.
- Es ist oft zufällig veranlasst und beeinflusst.
- Es beinhaltet einen induktiven Prozess von Reflexion und Aktion.
- Es ist mit dem Lernen anderer verbunden.

Unterstützt wird es durch Maßnahmen wie:

- Zeit und Raum für Lernen schaffen,
- Umfeld auf (Lern-)Gelegenheiten überprüfen,
- Aufmerksamkeit auf Lernprozesse lenken,
- Reflexionsfähigkeit stärken,
- Klima von Zusammenarbeit und Vertrauen schaffen.

Informelles Lernen findet in allen Lebensbereichen statt: in der Familie, in der Freizeit, bei der Ausübung von Hobbies und Sportarten innerhalb oder außerhalb von Vereinen, im Umgang mit neuen Medien und Technologien, im Umgang mit staatlichen oder nicht-staatlichen Einrichtungen, am Arbeitsplatz. Auf der einen Seite geht der Bereich informellen Lernens in Sozialisation über, sofern man Sozialisation als die kontinuierliche Auseinandersetzung mit äußerer natürlicher und sozialer Wirklichkeit versteht. Auf der anderen Seite kann informelles Lernen – vor allem in beruflichen Kontexten – schnell

Elemente von Institutionalisierung und Zwang annehmen, wird also zur betriebsinternen Weiterbildung. Die Grenzen sind hier fließend.

Entscheidend ist die besondere Qualität des informellen Lernens:

• Es wird durch vorgefundene, aus dem Leben selbst erwachsende ›echte‹ Problemsituationen ausgelöst und hat insofern einen unmittelbaren Gebrauchscharakter.
• Es kann individuell stattfinden, es basiert aber in aller Regel auf einem Austausch zwischen Menschen, bei denen Fähigkeiten übertragen oder auch ausgetauscht werden.
• Informelles Lernen kennt also keinen Lehrplan und keinen Lehrer, sondern findet situationsbezogen, unsystematisch und vielfach schlicht unbemerkt im Alltag statt.
• Der Erfolg informellen Lernens ist direkt spürbar, wobei Erfolg sehr subjektiv sein kann: Er ist dann eingetreten, wenn für denjenigen, der ein Problem zu lösen hat, eine hinreichende, zufriedenstellende Lösung gefunden oder eine hinreichende Kompetenz erreicht wird.
• Informelles Lernen entlastet schulisches Lehren und Lernen von dem selbst erzeugten Zwang, wirklich *alle* Dinge des Lebens behandeln zu müssen. Das aber ist prinzipiell nicht möglich, denn dann müssten Schule und Welt identisch werden.
• Informelles Lernen hat insofern einen individuellen, frei machenden und frei haltenden Grundzug. Es vermittelt in selbstorganisierter Weise Befähigungen (*empowerment*). Allerdings kann sich dieser Grundzug nur entfalten, wenn das Leben selbst auch hinreichend viele Gelegenheiten für ein solches Lernen bietet.

Innerhalb der Bildungslandschaft wird das informelle Lernen insbesondere von Vertretern der Erwachsenenbildung und Weiterbildung, der Sozialpädagogik und der außerschulischen Jugendbildung sowie der Vorschulerziehung in den Mittelpunkt gestellt. Immer geht es darum, das Lehr-Lern-Monopol der Schule und der verschulten Bildung zu kritisieren bzw. zu relativieren. Die Schule soll – nein: nicht abgeschafft, sondern mit anderen außerschulischen Sozialisations- und Bildungsfeldern in ein Netzwerk integriert werden, so dass Bildungslandschaften und neue Lernkulturen (s. o.) entstehen, in denen formelles und informelles Lernen sich wechselseitig stützen.

Informelles, aus Lebenswelten entstehendes Lernen ist in Umfang und Art sehr stark milieuabhängig. Dies ist die automatische Folge des engen Bezugs auf lebensweltliche Anforderungs- und Problemsituationen. Gerade weil es so ›natürlich‹ ist, ist es aber immer auch sehr eng gefasst und kann nicht an Kriterien der Allgemeinheit, ja nicht einmal an Fernliegendem orientiert sein. Dadurch wird Bildung als Faktor des Überschreitens der Grenzen von Milieu, sozialer Herkunft und Epoche tendenziell außer Kraft gesetzt. Formelles, schulisches Lernen überschreitet bewusst diese Grenzen mit Blick auf Allgemeines und sichert auf diese Weise die Vermittlung der Voraussetzungen für eine Teilhabe aller an allgemeiner gesellschaftlicher Kommunikation. Der Preis dafür ist in der Tat eine Verschulung und Verkünstlichung des Lernens.

Streng genommen kann es eine Didaktik des informellen Lernens eigentlich nicht geben, weil in diesem Feld Lehren im klassischen Sinn *per definitionem* nicht vorkommt – nicht vorkommen kann oder soll. Immerhin könnte man in beschreibenden Untersuchungen informellen Lernens feststellen, dass manche Personen ›besser erklären können‹ als andere, manche Personen ›schneller begreifen‹ als andere etc. Aber dies sind gewissermaßen natürliche Kompetenzen, die in ständigem Fluss sind. Insofern entsprechen dem informellen Lernen am ehesten ein konstruktivistisches Lernverständnis sowie die Orientierung an neuen Lernkulturen.

Ob informelles Lernen tatsächlich seine innovative, freisetzende, ja geradezu befreiende Kraft entfalten kann, oder ob es sich bei seiner Betonung nicht doch lediglich um die Begleitmusik zum Rückzug des Staates aus der Verantwortung für Bildungssysteme handelt, sei an dieser Stelle dahingestellt.

6. Gute Lehrer = besserer Unterricht?
Konzepte und Befunde empirischer Forschung

6.1 Der gute Lehrer – ein Phantom?

Eigentlich ist ein guter Lehrer recht einfach zu beschreiben: Er ist pünktlich und zuverlässig im Dienst, er ist freundlich gegenüber Schülern, Kollegen, Eltern und Vorgesetzten, er ist fleißig, engagiert und belastbar, und er hat die Belange seiner Schule, seiner Klassen und einzelner Schüler im Auge. Seine Fachkompetenz in seinen Unterrichtsfächern ist genauso hoch entwickelt wie seine didaktisch-methodischen sowie pädagogisch-erzieherischen Fähigkeiten. Sein Unterricht ist angemessen anspruchsvoll; die Lernfortschritte seiner Schüler sind beachtlich. Er bemüht sich darum, eine positive Lernhaltung sowie ein lernförderliches Klima in den von ihm unterrichteten Klassen zu etablieren. Andere (Fach-)Kollegen übernehmen gern seine Klassen. Als Person erfreut er sich einer natürlichen Autorität gegenüber den Schülern, er wird von ihnen geachtet und geschätzt. Er bildet sich in seinen Fächern und hinsichtlich seiner pädagogisch-didaktischen Fähigkeiten fort, übernimmt die Betreuung von Praktikanten oder Referendaren, er kann konstruktiv mit beruflichen Beanspruchungen umgehen und wehrt zugleich zu hohe Belastungen erfolgreich ab. In Arbeitsgruppen zeigt

er seine Teamfähigkeit; an Elternsprechtagen versteht er
es, Eltern ein klares, differenziertes Bild ihrer Kinder zu
vermitteln und – wo nötig – konstruktive Hinweise zu geben. Er identifiziert sich voll und ganz mit seinem Beruf –
und kann doch vom Beruf abschalten.

So weit das Idealbild. Die empirische Bildungsforschung aber fragt: Wie sieht es mit der Wirklichkeit in den
Klassen- und Lehrerzimmern aus? Wie weit entspricht der
real-existierende Lehrkörper – in Deutschland gegenwärtig etwa 800 000 Personen – diesem Idealbild? Was kenn-
zeichnet gute, erfolgreiche Lehrer als Personen, in ihrem
Denken und Urteilen, in ihrem Handeln? Wie sieht eigentlich das Aufgabenspektrum aus, das möglichst ›gut‹
bewältigt werden muss? Muss man als Lehrer alles gleich
›gut‹ können – und wer kann was am besten? Unter welchen konkreten Arbeitsbedingungen kann man überhaupt
erst ein ›guter‹ Lehrer sein, oder vorsichtiger gefragt: Unter welchen Bedingungen wird es den Lehrern erleichtert,
auch tatsächlich ›gut‹ zu sein? Was tragen eigentlich die
Aus- und Fortbildung dazu bei, dass die notwendigen Fähigkeiten möglichst ›gut‹ entwickelt und weiterentwickelt
werden? Oder ist nicht doch alles eine Sache der Persönlichkeit? Gleich an dieser Stelle sei darauf hingewiesen,
dass viele solcher Fragen gegenwärtig von der empirischen
Bildungsforschung kaum und selten eindeutig beantwor-
tet werden können.

Denn schon vom Ansatz her tut sich empirische Bildungsforschung schwer, Erkenntnisse über ›den guten
Lehrer‹ zu erzeugen. Sie richtet sich nämlich auf *empirisch*
beschreibbare und analysierbare Zusammenhänge und
nicht auf die Entwicklung und den ›Beweis‹ von pädagogischen *Idealvorstellungen* oder normativen Setzungen.
Hinzu kommt: Die lebensweltliche Pauschalität der Frage
nach ›dem guten Lehrer‹ steht in gewisser Weise ihrer empirischen Beantwortbarkeit selbst entgegen, denn im Rahmen empirischer Forschung muss eine solche globale Fra-

ge in behandelbare, konkrete Einzelaspekte zerlegt werden. Je intensiver nun diesen Einzelaspekten empirisch nachgegangen wird, desto komplexer, vielgestaltiger und feinkörniger wird das Bild. Damit aber wird es immer schwieriger, auf ein zusammenfassendes, verallgemeinerndes Argumentationsniveau über ›den guten Lehrer‹ zurückzukehren und dabei zugleich den Erkenntnisgehalt differenzierter Einzelforschung aufrechtzuerhalten.

Die Vorstellungen über pädagogisch richtiges Lehrerhandeln haben sich historisch gewandelt, sind kultur- und milieuspezifisch geprägt und weisen mehr oder weniger große Unterschiede auf, wenn man die verschiedenen Arten von Lehrern (»Lehrämter« von der Grundschule bis zur Berufsschule) in den Blick nimmt. Insofern kann es nicht ›das‹ Bild ›des‹ guten Lehrers geben, welches immer und überall gilt. Fragt man nach dem durch erziehungswissenschaftliche Forschung erzeugten Wissen über gute, erfolgreiche, kompetente Lehrerinnen und Lehrer, so wird die Sache nicht einfacher. Denn nun stellt sich die Frage, was man als wissenschaftliche Forschung gelten lassen will. Man kann hoch-idealistische Lehrerbilder zeichnen (s. Kasten 1), oder aber man einigt sich auf eine Reihe von zentralen, erreichbaren Kompetenzen (s. Kasten 2, S. 74).

Kasten 1: Idealistische Lehrerbilder

»Der Erzieher ist eine im geistigen Dienste der Gemeinschaft stehende Lebensform des sozialen Grundtypus, die aus reiner Neigung zum werdenden, unmündigen Menschen als einem eigenartigen zukünftigen Träger zeitloser Werte, dessen seelische Gestaltung nach Maßgabe seiner besonderen Bildsamkeit in dauernder Bestimmtheit zu beeinflussen imstande ist und in der Bestätigung dieser Neigung seine höchste Befriedigung findet« (G. Kerschensteiner,

Die Seele des Erziehers und das Problem der Lehrerbildung, Leipzig 1921).

»Der echte Erzieher [...] besitzt ein ursprüngliches Organ für die Bahnen, in denen der durch ihn hindurchwirkende Geist weht. Dieser Geist hat in Gemeinschaften, zu denen wesensmäßig ›das Erzieherische‹ gehört, wie etwa Familie und Schule, seine eigentliche Heimat. In anderen wird der geborene Pädagoge ihn hineintragen; ja er wird immer den Drang empfinden, eine Jüngerschaft um sich zu versammeln, gleichsam eine Sekte im Dienst der Menschenveredlung« (E. Spranger, *Der geborene Erzieher*, Heidelberg 1958, S. 36 f.).

Kasten 2: Was sollen gute Lehrer heute alles können?

Im Jahre 2000 haben sich die Kultusminister der Bundesländer und die wichtigsten Lehrerverbände auf eine Aufgabenbeschreibung für den Lehrerberuf geeinigt, der zu entnehmen ist, was man heute von einem guten Lehrer erwarten darf:

1. Lehrerinnen und Lehrer sind Fachleute für das Lernen; ihre Kernaufgabe ist die gezielte und nach wissenschaftlichen Erkenntnissen gestaltete Planung, Organisation und Reflexion von Lehr- und Lernprozessen sowie ihre individuelle Bewertung und systematische Evaluation.
2. Lehrerinnen und Lehrer sind sich bewusst, dass die Erziehungsaufgabe in der Schule eng mit dem Unterricht und dem Schulleben verknüpft ist.
3. Lehrerinnen und Lehrer üben ihre Beurteilungsaufgabe im Unterricht und bei der Vergabe von

Berechtigungen für Ausbildungs- und Berufswege kompetent, gerecht und verantwortungsbewusst aus.

4. Lehrerinnen und Lehrer entwickeln ihre Kompetenzen ständig weiter und nutzen geeignete Fort- und Weiterbildungsangebote, um die neuen Entwicklungen und wissenschaftlichen Erkenntnisse in ihrer beruflichen Tätigkeit zu berücksichtigen und zu nutzen.

5. Lehrerinnen und Lehrer beteiligen sich an der Schulentwicklung und der Gestaltung einer lernförderlichen Schulkultur und eines motivierenden Schulklimas.

(Gemeinsame Erklärung des Präsidenten der Kultusministerkonferenz und der Vorsitzenden der Bildungs- und Lehrergewerkschaften sowie ihrer Spitzenorganisationen Deutscher Gewerkschaftsbund und Beamtenbund und Tarifunion. Beschluss der Kultusministerkonferenz vom 5. Oktober 2000.)

Man kann zum Thema forschen, indem man – informiert durch die Klassiker der Pädagogik von Comenius bis Klafki, von Pestalozzi bis von Hentig – über Leitbilder des Lehrerberufs philosophiert, sie vergleicht und systematisiert. Man kann pädagogische Konzeptionen des Lehrerberufs (bzw. der verschiedenen Lehrerberufe) auf sozialwissenschaftliche Zeitgeistanalysen beziehen und dabei auch sozialstatistische Informationen über die reale Situation der Lehrerberufe berücksichtigen. Man könnte auch Kollegen-, Vorgesetzten- und Elternurteile einholen. Man kann schließlich die Verhaltensweisen derjenigen Lehrer studieren, die von ihren Schülern besonders geschätzt werden und/oder deren Schüler besonders gute Lernfortschritte erzielen. Es sind also sehr unterschiedliche For-

men von Forschung zum guten, erfolgreichen Lehrer
möglich – und auch allesamt praktiziert worden. Jede dieser Formen kann in unterschiedlicher Weise für die Berufspraxis von Lehrern oder für die Lehrerbildung von
Bedeutung werden.

Im Folgenden werden einige wenige Ergebnisse *empirischer* Forschung zum Lehrerberuf, speziell: zu den Kennzeichen guter, erfolgreicher Lehrerinnen und Lehrer vorgestellt und erörtert (eine gute Übersicht vermitteln Campbell u. a. 2004; vgl. auch Baumert/Kunter 2006; Rothland/
Terhart 2009 [i. Dr.]). Dabei soll es nicht von Bedeutung
sein, ob diese Ergebnisse nun aus der Erziehungswissenschaft, der Pädagogischen Psychologie, der Bildungs- oder
Berufssoziologie, aus der arbeitsmedizinischen Forschung
oder woher auch immer kommen.

Ein Hinweis gleich vorweg: Die Suche nach der *idealen
Lehrerpersönlichkeit* ist zwar einer der Klassiker unter
den empirischen Ansätzen zur Identifizierung des ›guten‹
Lehrers. Auf der Basis traditioneller wie aktueller Forschung kommt man jedoch zu dem Ergebnis (vgl. Brom-
me/Haag 2004), dass es keine *spezifischen* Persönlichkeits-
eigenschaften gibt, die eine Person zu einem erfolgreichen
Lehrer werden lassen. »Nicht gelungen ist es, durch Beobachtung und Beurteilung des Verhaltens im Klassenzimmer ein übergeordnetes ›charismatisches‹ Persönlich-
keitsmerkmal [...] zu entdecken, das gute Lehrer überein-
stimmend auszeichnet« (Weinert/Helmke 1996, S. 231).
Viele Eigenschaften erfolgreicher Lehrer – (Mayr/Neu-
weg 2006, S. 6, nennen aufgrund ihrer empirischen Analysen die Eigenschaften Extraversion, psychische Stabilität
und Gewissenhaftigkeit) – können auch als Eigenschaften
von Personen gelten, die in *anderen* Berufsfeldern erfolgreich sind. Sicherlich wirkt sich die Persönlichkeit eines
Lehrers auf seine Schüler aus, aber ein und dieselbe Persönlichkeit wirkt auf verschiedene Schüler unterschiedlich, die genaue Wirkungsweise dieses Einflusses ist kaum

präzise zu bestimmen, und schließlich ist durchaus offen, wie man die Auswirkungen der Persönlichkeit eines Lehrers unter normativen Gesichtspunkten bewerten will. Mit dem zuletzt genannten Aspekt werden übrigens die Möglichkeiten empirischer Forschung überschritten, denn sie kann und will keine Normen setzen. Insofern haben wir es wohl eher mit einem Phantom zu tun, wenn es um die ideale Lehrerpersönlichkeit geht – zumindest dann, wenn man im Kontext empirischer Forschung argumentieren will.

6.2 Das Prozess-Produkt-Paradigma

Die breiteste Tradition der empirischen Forschung zum guten Lehrer basiert auf dem sog. Prozess-Produkt-Paradigma (vgl. dazu auch Kap. II, 4.5). Dieses Paradigma kennt unterschiedliche Ausprägungsformen und Grade an Differenziertheit, basiert aber immer auf der Überlegung, dass man auf empirische Weise Zusammenhänge zwischen der Art des Lehrerhandelns (Prozess) und den Ergebnissen oder Wirkungen auf Seiten der Schüler (Produkt) herstellen kann.

Vor Jahrzehnten ging es in diesem Kontext noch um kleinteilige, begrenzte quasi-experimentelle Studien über die Lernwirksamkeit verschiedener Unterrichtsmethoden. Diese Tradition hat keine konstruktiven Ergebnisse erbracht, außer, dass der *Mythos der einen wahren Methode* endgültig zerstört wurde: Es gibt sie nicht! Unter Verzicht auf experimentelle Formen hat das Prozess-Produkt Paradigma dann auf einer empirisch sehr viel breiteren, wirklichkeitsnäheren Basis im Rahmen von Erhebungen Klassen identifiziert, in denen bestimmte pädagogische Ziele, die man für wichtig hält, faktisch erreicht wurden, z. B. überdurchschnittliche Lerngewinne aller Schüler *und zugleich* Verringerung des Leistungsspektrums der Schüler dieser Klassen. War auf diese Weise ein hochwertiges ›Produkt‹ identifiziert, beobachtete man die Verhaltensweisen der Lehrer in diesen Klassen (›Prozess‹) auf bestimmte Gemeinsamkeiten oder Regelmäßigkeiten ihres Unterrichtshandelns hin. Setzte man schließlich prozess- und produktbezogene Datengruppen in Beziehung, so ergaben sich korrelative (nicht: kausale!) Zusammenhänge. Auf diese Weise lassen sich bestimmte Elemente des Lehrerverhaltens bzw. des Unterrichts benennen, die in solchen Optimalklassen gehäuft auftreten. Die Stärke des statistischen Zusammenhangs zwischen den einzelnen Elementen und dem Gesamterfolg ist jedoch sehr gering.

Neben vielen immanenten Problemen des Prozess-Produkt-Paradigmas (vgl. Rheinberg/Bromme 2001, S. 300 ff.) ist es von seiner ganzen Anlage her bislang a) ganz auf die Unterrichtsarbeit des Lehrers beschränkt, und b) wird in seinem Rahmen als ›Produkt‹ in aller Regel der messbare Lernzuwachs der Schüler berücksichtigt. Nun ist sicherlich das Unterrichten der Kern der Lehrertätigkeit, und Unterricht ist darauf gerichtet, Lernprozesse zu gestalten. Die Arbeit des Lehrers umfasst jedoch mehr als Unterrichten, und die Effekte von Unterricht sind – wenn man an die übergeordneten, auch gesetzlich verankerten Aufgaben von Schule, Unterricht und Lehrerberuf denkt – sehr viel breiter als messbare Lernzuwächse in Fächern.

In diesem Zusammenhang ist auf die Unterscheidung zwischen ›guten‹ und ›erfolgreichen‹ Lehrern hinzuweisen, die von den amerikanischen Erziehungswissenschaftlern G. Fenstermacher und D. Berliner geprägt worden ist (vgl. Fenstermacher/Richardson 2000/2005; Berliner 2001). Die Wendung ›guter Lehrer‹ wird von ihnen dann benutzt, wenn ein Lehrer vorab definierten Qualitätskriterien oder Standards genügt – Standards, die einen *normativen* Charakter haben und die ausdrücken, was insgesamt von einem guten Lehrer erwartet wird (z. B. Schüler unterrichten und erziehen; Schüler fördern, beraten und beurteilen; mit Eltern und außerschulischen Institutionen kommunizieren; sich selbst kontinuierlich weiterbilden; mit Kollegen den eigenen Unterricht und die Schule entwickeln). Die Wendung ›erfolgreicher Lehrer‹ wird demgegenüber dann verwendet, wenn es darum geht, die Qualität eines Lehrers an den tatsächlich eingetretenen, erfassbaren Effekten oder Erfolgen seiner Arbeit bei den Schülern zu bemessen. Zu diesem Zweck muss ein *empirisch* fassbares, quantifizierbares Erfolgskriterium definiert werden. Diese Bedingung aber schränkt das Verständnis von Lehrerarbeit in gewisser Weise ein. Insofern ist es möglich, dass die Menge der ›guten‹ Lehrer nicht identisch ist mit der Menge der ›erfolgreichen‹ Lehrer.

6.3 Das Experten-Paradigma

Das Experten-Paradigma kann als eine Art Ergänzung und Vertiefung des Produkt-Paradigmas verstanden werden. Es resultiert aus einer Übertragung der Ergebnisse denkpsychologischer Studien, in denen die kognitiven Strategien von »Novizen« und »Experten« in bestimmten Aufgabenbereichen miteinander verglichen wurden, auf den Lehrerberuf (vgl. Berliner 1987, 2001; Bromme 1992). Insofern wird hier sehr stark auf die Unterschiede zwischen unerfahrenen einerseits und erfahrenen und sehr erfolgreichen Lehrern andererseits abgehoben (s. Kasten 3).

Kasten 3: Eigenschaften von Expertenlehrern

- Expertenlehrer sind immer nur in ihren Fächern und in bestimmten Kontexten herausragend,
- Expertenlehrer entwickeln Automatismen für diejenigen wiederkehrenden Handlungen, die für die Zielerreichung notwendig sind,

- Expertenlehrer sind ›opportunistischer‹ und flexibler im Unterricht als Anfänger,
- Expertenlehrer berücksichtigen eher die Eigenart der gestellten Aufgaben und des sozialen Umfeldes beim Problemlösen,
- Expertenlehrer vergegenwärtigen sich berufliche Handlungsprobleme in qualitativ anderer Weise als Anfänger,
- Expertenlehrer verfügen über adäquatere und schneller einsetzbare Fähigkeiten der Erkennung von Mustern in Unterrichtssituationen,
- Expertenlehrer erkennen mehr bedeutsame Muster in denjenigen Bereichen, in denen sie über Erfahrungen verfügen,
- Expertenlehrer beginnen vielleicht einen Problemlöseprozess langsamer als Anfänger, sie wenden jedoch reichhaltigere und auf persönlichen Erfahrungen begründete Informationen auf die zu lösenden beruflichen Probleme an.

(Nach: Berliner 2001, S. 472.)

Der Experten-Ansatz hat sicherlich wichtige Erkenntnisse über die kognitiven Strategien erfolgreicher Lehrer ergeben. Positiv ist hervorzuheben, dass auf der Grundlage der Novizen-Experten-Forschung im Lehrerbereich differenzierte und wirksame Lern- und Trainingsprogramme entwickelt wurden, deren Einsatz allerdings mit einem sehr hohen Aufwand verbunden ist. Er teilt aber gewisse Einschränkungen mit dem Prozess-Produkt-Paradigma, da er (a) auf die je individuellen kognitiven Strategien (Wahrnehmungs- und Urteilstendenzen) von Expertenlehrern sowie (b) auf die Wahrnehmung und Gestaltung von Unterrichtssituationen bezogen ist. Insofern stehen also auch hier eindeutig das Unterrichten und seine Effekte im Mittelpunkt. Das ist nicht falsch, aber es umfasst nicht Dimensionen wie Motivation und Emotion des Lehrers und ebenso nicht die jenseits des Unterrichtens liegenden breiteren Aufgabenfelder, in denen die Expertise eines Lehrers ebenfalls hoch sein sollte.

6.4 Lehrerkompetenz und ihr Beitrag zum Lernen der Schüler

Ist der gute Lehrer, oder besser: die Qualität der Lehrerschaft eigentlich wirklich entscheidend, wenn es um individuellen oder kollektiven Schul- und Bildungserfolg geht? Kommt es wirklich auf den Lehrer an, wie der Alltagsverstand schon immer weiß? Die empirische Bildungsforschung kann derzeit keine eindeutigen Antworten auf diese Fragen geben. Die verschiedenen Studien, in denen es unter anderem auch um den Beitrag des Faktors »Lehrer« zum Lernerfolg der Schüler ging, beweisen das eine Mal eine enge Beziehung zwischen Lehrerkompetenzen und Schülerlernen, das andere Mal einen eher schwachen oder gar keinen Zusammenhang zwischen diesen Variablen. Die OECD (2006) zitiert eine Studie, der zufolge der Faktor »Lehrer« bis zu (!) 23 % der Varianz der Schülerleistungen aufklärt. Diese Aussage sowie generell die Angabe solcher Werte ist jedoch problematisch, da man jeweils die besondere Anlage der Studien, die erfassten Variablen, die verwendeten Instrumente etc. berücksichtigen muss. So scheinen insbesondere schwächere Schüler von guten Lehrern bzw. gutem Unterricht zu profitieren, und ebenso scheint der Faktor ›Lehrer‹ in den ersten Schuljahren wichtiger zu sein als in späteren. Auch im Rahmen solcher Studien wird als Erfolgskriterium für ›gute‹ Lehrer sehr häufig der Lernzuwachs der Schüler ausgewählt. Dies ist einerseits notwendig und konsequent, denn der Zweck der Schule und der Lehrerarbeit ist das Lernen der Schü-

ler. Aber wie oben bereits ausgeführt und im Folgenden
noch einmal ausgeführt, erschöpft sich die berufliche Kompetenz von Lehrern nicht in den Lernzuwächsen der
Schüler; es kommt noch einiges hinzu.

Die langfristigen Folgen der Kompetenz oder Inkompe-
tenz einzelner Lehrer lassen sich empirisch vermutlich
kaum ermitteln. Aus literarischen Schilderungen weiß
man, dass individuelle Lehrerpersönlichkeiten einen starken, bleibenden Einfluss auf Schüler haben können – im
Guten wie im Schlechten. Um die Folgen abschätzen zu
können, wird man immer auch bedenken müssen, dass
Schüler im Laufe ihrer Schulkarriere mit zahlreichen Lehrern zu tun haben, deren individuelle Qualität sich auswirken kann, wobei die *Erfahrung der sehr unterschiedlichen Persönlichkeiten, Verhaltensstile und Kompetenzen*
vermutlich selbst ein positiv sozialisierender, also bilden-
der Einfluss der Schulzeit ist. Und auch an schlechten
Lehrern können manche Schüler wichtige Erfahrungen
machen. Damit soll keineswegs der Bildungswert proble-
matischer Lehrerpersönlichkeiten propagiert werden. Es
ist aber sehr wohl vorstellbar, dass sich – auf das Ganze
der Schulerfahrung von Schülern bezogen – die Auswirkungen der beruflichen Kompetenzen einzelner Lehrer
letztlich sehr stark durchmischen und unter Umständen
neutralisieren.

6.5 Lehrerkompetenz: Nicht nur Unterrichten

Obwohl innerhalb des gesamten Tätigkeitsspektrums von
Lehrern das Unterrichten quantitativ und qualitativ sicherlich überwiegt und insofern das zentrale Element von
Lehrerkompetenz ist, soll zumindest auf andere, außerun-
terrichtliche Kompetenzbereiche verwiesen werden.

Umgang mit Schülern: Die Art und Weise des Umgangs
mit Schülern, die Art der sozialen Beziehungen zur Schul-

klasse bzw. zu Schülern spielt ebenfalls eine große Rolle. Gute Lehrer verstehen es, eine freundliche, unterstützende Atmosphäre um sich zu verbreiten. Dies darf keineswegs in Anbiederung an Schüler oder in eine ständige selbstironische Distanzierung von der eigenen Lehrerolle abgleiten. Wichtig scheinen ein klarer Regelbezug, eine Konsequenz in der Regeldurchsetzung sowie vor allem eine Haltung zu sein, die die Schüler als unterstützend wahrnehmen. Ein Ergebnis von PISA 2003 war, dass sich deutsche Schüler, verglichen mit Schülern in anderen Ländern, von ihren Lehrern vergleichsweise gering unterstützt fühlen. Ein solcher fördernder Verhaltensstil trägt entscheidend zum sozialen Klima in der Schule und zur Lernwirksamkeit des Unterrichts bei. Natürlich gehört hierzu auch eine gewisse Konstanz des Verhaltensstils (Berechenbarkeit), die Nachvollziehbarkeit von Notenentscheidungen (Gerechtigkeit) und die gleichmäßige Unterstützung aller (Fairness).

Umgang mit Eltern: Vor allem in der Grundschule, aber auch noch in Sekundarschulen sind Lehrer und Eltern letztlich Partner in der Bildung und Erziehung der Heranwachsenden. Ein guter Lehrer ist dadurch gekennzeichnet, dass er es versteht, die Eltern verständlich über die anstehenden Inhalte, Aufgaben und Abläufe in der Schule zu informieren. Vor allem aber ist es wichtig, bei den individuellen Beratungsgesprächen (z. B. Elternsprechtage) auf die eigenen Beobachtungen und Diagnosen gegründete Beratungsgespräche mit Eltern zu führen, die – sofern vorhanden – Probleme genau zu identifizieren, klar zu benennen und konkrete Hilfsangebote zu machen. Zu diesem Zweck ist es sehr wichtig, die eigenen lerndiagnostischen Beobachtungen und Beurteilungen auf konstruktive Weise in Beratungsgespräche einbringen zu können. Gerade in Problemsituationen erfordert das Gespräch zwischen einem Lehrer und besorgten Eltern hohe diagnostische und kommunikative Fähigkeiten. Auch hier gilt: keine Verwi-

schung der zentralen Verantwortung und der jeweiligen
Zuständigkeit! Lehrer- und Elternrolle sollen gerade nicht
verschmelzen; im Interesse des Schülers sollte im Bewusstsein der Grenzen miteinander kooperiert werden.

Umgang mit Kollegen: In der Lehrerschaft ist das Ein-
zelkämpfertum weit verbreitet; die individuelle Perspektive auf das Berufsfeld ist häufig geprägt durch die Perspektive ›Meine Klasse – und ich!‹ Insbesondere das Geschehen im Klassenzimmer wird als eine Art Privat- oder
Intimsphäre betrachtet, die keine Öffnung verträgt. Dabei
ist aus der empirischen Forschung zur Qualität von Schulen bekannt, dass an guten Schulen die Kooperation unter
Lehrern vergleichsweise stark ausgeprägt ist. Nun hat sich
ebenso gezeigt, dass man nicht pauschal alle Formen von
Kooperation als Universalschlüssel zu gesteigerter Schul-
qualität betrachten darf – vor allem nicht solche, die administrativ verordnet sind und/oder im Effekt darauf hinaus-
laufen, dass sich Lehrer in ihrer individuellen Autonomie
bedroht sehen. Formen der Kooperation sind durchaus
vorhanden, die Kooperation bewegt sich jedoch auf einem
relativ unverbindlichen Niveau des Austauschens von Materialien etc. Eine gemeinsame Erörterung von konkreten
Problemen, das Verabreden von Veränderungen, das
Überprüfen der Effekte etc. sind eher selten anzutreffen.
Sicherlich ist die Einübung von tatsächlich kooperativen
Formen ein schwieriger Prozess, aber wo er gelingt, wird
er von den beteiligten Lehrern durchaus als Erleichterung
wahrgenommen.

6.6 Berufsbiographie, Belastungen und ihre Bewältigung

Die berufliche Qualität von Lehrerinnen und Lehrern ist
nicht nur eine Sache des guten bzw. erfolgreichen Handelns im Unterricht. Allein hierauf die Forschungsfra-

gestellung zu richten, ist zu eng. Denn die Qualität eines Lehrers, oder allgemeiner formuliert, seine »Professionalität« ist zuallererst ein berufsbiographisches Entwicklungsproblem. Seit gut 15 Jahren wird auch in der deutschsprachigen Lehrerforschung diese berufsbiographische Perspektive verfolgt (vgl. Terhart u. a. 1994; Terhart 2001; Hericks 2006). Es geht in diesem Kontext darum, die Entwicklung von Lehrerinnen und Lehrern von der Erstausbildung über Berufseinmündung, Berufseinstieg, verschiedene berufliche Entwicklungs- und Krisenstadien bis hin zur Vorbereitung auf den Berufsausstieg und den Berufsausstieg selbst nachzuzeichnen. Diese Forschung hat gezeigt,

- dass aus der Erstausbildung das Studium der Fächer stark, die Beschäftigung mit erziehungswissenschaftlichen Themen aber eher schwach nachwirken,
- dass Praktika in der ersten, universitären Phase sehr geschätzt werden, und auch den Fachstudien hohe Bedeutung zugewiesen wird, wohingegen den erziehungswissenschaftlichen Studien, die nur ein sehr schmales Segment bilden, wenig Bedeutung und Qualität zugesprochen wird,
- dass die zweite Phase (Referendariat) als eine sehr belastende, aber verglichen mit dem Studium doch deutlich berufsqualifizierendere Phase erlebt wird,
- dass die eigentliche ›Herausbildung‹ des Lehrers in den ersten drei bis fünf Jahren nach Berufseintritt geschieht,
- dass nach dieser Zeit eine gewisse erste Etablierungs- und Ruhephase erreicht wird, die aber dann wieder von Phasen des Aufbruchs, aber auch von resignativen Phasen abgelöst werden kann,
- dass die berufsbiographische Entwicklung immer in enger Verknüpfung mit dem ›privaten‹ Lebenslauf gesehen werden muss (»doppelte Sozialisation«),

- dass sich die Berufsbiographien von Lehrerinnen und Lehrern aufgrund eines klaren *gender*-Effekts deutlich unterscheiden,
- dass die Art der Verarbeitung von beruflicher Erfahrung – konstruktiv oder defensiv – ganz entscheidend ist, und diese wiederum ist nicht allein eine Sache der Person, sondern hängt auch vom Zustand des beruflichen und privaten Umfelds ab.

Wie gehen Lehrer mit den Belastungen des Berufs um? Unterscheiden sich Lehrerinnen und Lehrer hinsichtlich der berufstypischen Belastungsbewältigung von anderen Berufen? Das Thema Belastung und Belastungsbewältigung ist von Bedeutung, da die Anforderungen und Belastungen im Lehrerberuf wachsen und die äußeren Arbeitsbedingungen nicht besser werden. Zu berücksichtigen ist auch, dass aufgrund verschiedener struktureller Faktoren die Lehrerschaft in Deutschland, verglichen mit der in anderen Ländern, deutlich überaltert ist. Der Anteil krankheitsbedingter Frühpensionierungen an *allen* Pensionierungen im Lehrerberuf schwankt seit zehn Jahren zwischen 50 % und 60 %; dem ›Gipfel‹ von 64 % im Jahr 2000 folgte im Jahr 2001 ein Rückgang auf 54 %, da mit diesem Jahr eine frühzeitige Pensionierung finanziell unattraktiver wurde. Gut die Hälfte der Frühpensionierungen wird aufgrund von psychischen und psychosomatischen Leiden ausgesprochen.

Auf arbeitspsychologischer Grundlage hat Schaarschmidt (2004) den Umgang mit beruflichen Belastungen *in mehreren Berufen* vergleichend untersucht, seine Ergebnisse beruhen auf der Analyse der Daten von fast 17 000 Personen. Im Ergebnis zeichnet sich für den Lehrerberuf kein günstiges Bild ab (ca. 7000 erfasste Lehrkräfte; s. Kasten 4): *Im Durchschnitt* sind nur 17 % der untersuchten Lehrer dem Bewältigungsmuster G (= Gesundheit: berufliches Engagement, ausgeprägte Widerstands-

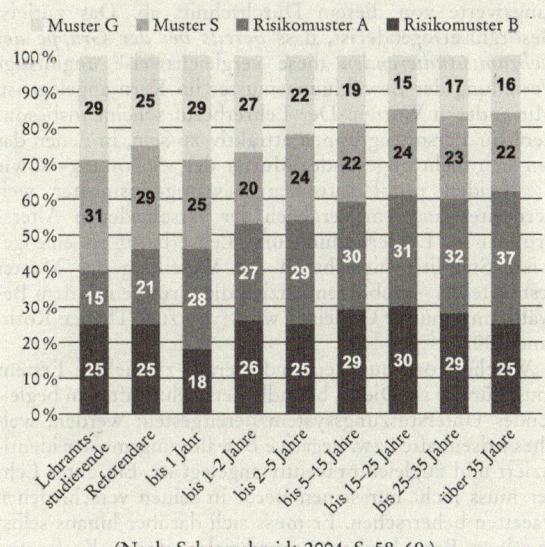

Kasten 4: Verteilung der Bewältigungsmuster bei Lehramtsstudierenden, Berufsanfängern und erfahrenen Lehrern (unterschiedliche Altersgruppen)

Muster G ■ Muster S ■ Risikomuster A ■ Risikomuster B

(Nach: Schaarschmidt 2004, S. 58, 69.)

fähigkeit gegenüber Belastungen, positives Lebensgefühl) und 23 % dem Muster S (= Schonung: ausgeprägte Schonungstendenz gegenüber beruflichen Anforderungen, positives Lebensgefühl) zuzurechnen. Die verbleibenden 59 % fallen in die beiden Risikomuster A (überhöhtes Engagement/Selbstüberforderung, verminderte Widerstandsfähigkeit, 30%) und B (Resignation, verminderte Belastbarkeit, reduziertes Arbeitsengagement, 29%). In den verschiedenen Dienstaltersgruppen weichen die Verteilungswerte von diesem Durchschnitt ab. Das zutiefst Besorgniserregende ist, dass *bereits bei der Gruppe der Lehramtsstudierenden* diese vergleichsweise ungünstige Verteilung der Bewältigungsmuster im Kern angelegt ist. Mit anderen Worten: Der Lehrerberuf scheint insbesondere für Personengruppen attraktiv zu sein, in denen das (an sich nicht ungesunde) Muster der »Schonung« sowie die beiden problematischen Bewältigungsmuster weit verbreitet sind. Im Vergleich der verschiedenen Altersgruppen in Lehrerbildung und Lehrerberuf ist eine gewisse Stabilität hinsichtlich der Verteilung der Muster festzustellen – wobei tendenziell die Gruppe mit dem Bewältigungsmuster G kleiner wird (vgl. zum Thema: Rothland 2007).

Welche Konsequenzen sind hieraus zu ziehen: Erstens muss für die im Dienst befindlichen Lehrkräfte ein begleitendes Unterstützungssystem bereitgestellt werden, welches krisenhafte bzw. negative Bewältigungsmuster identifiziert und zugleich präventiv angelegt ist. Ein guter Lehrer muss nicht nur seinen Beruf in seinen verschiedenen Facetten beherrschen. Er muss sich darüber hinaus selbst in seinem Beruf beobachten und sich und seine Kräfte und Kompetenzen realistisch beurteilen können. Anders formuliert: Er sollte ein *reflektiertes Verhältnis zu sich selbst* im Umgang mit den Gefährdungen und Versuchungen seines Berufes gewinnen.

7. Der Beitrag der Neurowissenschaften zu Lehren und Lernen

7.1 Die Aktualität der Neurodidaktik

Seit einigen Jahren ist zu beobachten, dass Pädagogik und Neurowissenschaften füreinander zunehmend attraktiv werden. Es gibt eine wachsende Zahl von teils fachwissenschaftlichen, teils populären Darstellungen zu der Frage, wie »die Pädgogik«, und damit kann dann gemeint sein: die Erziehungspraxis von Eltern, die Arbeit in den pädagogischen Berufen oder schließlich die Erziehungs*wissenschaft* im engeren Sinn von den Ergebnissen der Neurobiologie profitieren könnte. Die leitenden Stichworte sind »Neuropädagogik« oder »Neurodidaktik«; für den thematisch deutlich weiter gefassten Zusammenhang von Biologie und Pädagogik ist auch die etwas gewöhnungsbedürftige Bezeichnung »Pädobiologie« verwendet worden (bei einem Themenheft der Zeitschrift *Bildung und Erziehung*, 1994, Heft 1; vgl. zum Thema auch Scheunpflug/Wulf 2006; Becker 2006). Im Verbandsjournal der US-amerikanischen Sekundarschulleiter wurde schon vor Jahren empfohlen, dass Schulleitungen die Reform ihrer Schule auf neurowissenschaftlicher Basis in Angriff nehmen sollten (Sousa 1998). Im Internet finden sich überaus zahlreiche Hinweise zu Stichworten wie Neurodidaktik und Neuropädagogik.[1]

Mit Biologie und Pädagogik bzw. in einem engeren Sinn: mit Gehirnforschung und Didaktik kommen nun in der Tat sehr unterschiedliche, auf den ersten Blick weit voneinander entfernt liegende Wissensgebiete zusammen.

---

1 Nun gibt es im Internet bekanntlich zu allem sehr vieles. Und so habe ich denn dort auch eine Hundeschule gefunden, die für sich damit wirbt, dass sie u. a. nach den Prinzipien der Neurodidaktik arbeitet. Das ist konsequent (URL: www.ig-hundeschulen/ch/hundeschulen/detailanzeige.php?id=8; Zugriffsdatum: 10.3.2005).

Eigentlich muss man präziser formulieren: In den Augen mancher Gehirnforscher und Pädagogen sollten sie zusammenkommen, müssen sie zusammenkommen – und kommen sie auch zusammen. In den Augen anderer kommen sie nicht zusammen, sollten sie nicht zusammenkommen und können sie auch gar nicht zusammenkommen. Unabhängig von solchen differenten Bewertungen wird in vielen einschlägigen Publikationen die Metapher des Brückenschlags verwendet, um anzudeuten, was hier zu geschehen hat und wie weit oder wie eng die beiden Wissensbereiche Neurobiologie und Pädagogik bzw. Didaktik denn nun voneinander entfernt sind (vgl. Bruer 1997; Caine/Caine 1998; Stern u. a. 2005; Herrmann 2006). Alle Autoren, die diese Metapher verwenden, konzedieren zunächst, dass der Brückenschlag sehr schwierig ist. Gleichwohl werden dann doch oft ebenso kühne wie fragile Bauten entworfen und umstandslos hoch belastet; in anderen Fällen ist man sehr viel vorsichtiger und spricht von einem schrittweisen Vorgehen, von einem Brückenschlag, der aus mehreren Teilstücken besteht und verschiedener dazwischen liegender Stützpfeiler bedarf.

Schaut man unter die Brücke, so ist dort – wie üblich bei Brücken – vieles im Fluss. Man kann dort sowohl auf seriöse, ernsthafte Forschung stoßen, aber auch hier und da neue Erweckungsbewegungen beobachten: In kleinen Teilen der pädagogischen Szene (inklusive Erziehungswissenschaft) herrscht eine wilde Euphorie angesichts erhoffter Möglichkeiten, in anderen Teilen trifft man auf eine ebenso wilde Ablehnung, gepaart mit Lustangst vor dem Thema: Es wird als richtig schön gruselig erlebt, wenn man sich als philosophierender Humanwissenschaftler mit den Denkmodellen und Forschungsergebnissen der Neurowissenschaften konfrontiert sieht und die Konsequenzen durchdenkt.

Hinter dieser Ablehnung liegt ein allgemeines, grundsätzliches Problem: Ganz allgemein scheint in großen Teilen der pädagogischen Szene der Eindruck zu herrschen, dass durch den Rekurs auf die nach naturwissenschaftlichem Schema erforschte Natur des Menschen immer nur Limitationen deutlich werden – Eingrenzungen, Kränkungen, Dehumanisierungen (im Sinne von Ent-Menschlichung). Dabei gehört es demgegenüber zu den fest verwurzelten Grundannahmen des pädagogischen Denkens, dass eben erst durch Erziehung die Potentiale des einzelnen Menschen sowie der Menschheit generell entfaltet und ausgebaut werden können. Die einfache Gleichung ›Natur = stabil / Kultur = variabel‹ trifft aber so nicht zu – vor allem dann nicht, wenn man die unterschiedlichen Zeithorizonte natürlicher, kulturbedingter und individueller Veränderungsprozesse betrachtet. Generell liegt in dieser Entgegensetzung eine schiefe Konstruktion: ›Natur‹ ist in manchen Bereichen und vor allem in langen Zeitmustern plastischer, als man befürchtet, Kultur nicht so veränderungsfreudig, wie man erhofft, und Erziehung nicht so wirkungsmächtig, wie man propagiert.

Aber das berührt sehr grundsätzliche Fragen, denen an dieser Stelle nicht weiter nachgegangen werden kann. Im Folgenden soll es um konkretere, vielleicht auch triviale Dinge gehen. Die Leitfragen sind: Was bringt eigentlich gegenwärtig die neurobiologische Forschung den Lehrerinnen und Lehrern? Was bedeutet es, wenn Neurobiologen oder zumindest Teile der Neurobiologie neue, inspirierende Botschaften an die Schule senden? Diese Fragen sollen der Selbstvergewisserung im aktuellen Diskurs um Neurodidaktik dienen.

7.2 Welche Geschichte hat das Thema?

Die Antwort auf diese Rückfrage hängt davon ab, ob man nach einer explizierten Verbindung zwischen Neurophysiologie im engeren Sinn einerseits und Didaktik anderer-

seits sucht, oder ob man in einem sehr viel breiteren Sinn
Verbindungen zwischen Annahmen über die körperlich-
leiblich-seelische Natur des sich entwickelnden Menschen
einerseits und pädagogischen Problemen und Handlungs-
formen andererseits berücksichtigt. Auf expliziter Ebene –
Neurophysiologie *und* Didaktik – ist die Geschichte des
Themas vielleicht zehn bis fünfzehn Jahre alt; implizit ist
das Thema sehr viel älter. Es ist, so könnte man sagen, so
alt wie die Entdeckung der Kindheit und also die Entdeckung der Entwicklungsabläufe vom Kind über den Jugendlichen zum Erwachsenen, also so alt wie die pädagogische Reflexion selbst. Die Entdeckung von Kindheit als
spezifische, positiv zu bewertende und pädagogisch zu ge-
staltende Lebensphase löste ja bekanntermaßen das alte
Konzept von Kindheit als einer ärgerlichen und möglichst
schnell zu überbrückenden Insuffizienzphase vor der
Übernahme der Erwachsenenrolle ab. Die Entdeckung
und Wertschätzung der Besonderheit des Kindes gründete
weithin auf Annahmen über die Natur (!) seines Seelenlebens und war immer auch sehr stark mit (z. T. konträren)
Projektionen der Erwachsenen verbunden. Dabei konnte
man an sehr viel ältere Muster anschließen. Man denke
nur an die Vorstellung von Erbsünde und an die daraus
resultierende heilige Pflicht der Erwachsenen, das Kind einem strengen Moralisierungsprogramm zu unterziehen;
man denke aber auch an die entgegengesetzte Vorstellung
vom unverdorbenen, heiligen Kind als Gegensatz zum
durch Gesellschaft und Kultur immer schon als verdorben
beurteilten Erwachsenen. Gerade beim Blick auf Kinder
und ihr Großwerden wird die Natur-Kultur-Verschrän-
kung als Grundlage menschlicher Existenz überdeutlich.

In der Moderne beinhaltet dieser Blick immer auch die
besondere Wertschätzung der Natur des Seelenlebens der
Kinder. Diese besondere Natur wurde gesehen, respektiert
und als Bildungsmöglichkeit bzw. Bildungsauftrag erkannt. Sie konnte von den frühen pädagogischen Denkern

und Denkerinnen natürlich nicht auf die Neurophysiologie des sich entwickelnden Gehirns zurückgeführt werden, wohl aber auf die sich entwickelnde Form oder auch Stufung der Leiblichkeit des heranwachsenden Menschen. Insofern wurde selbstverständlich die Leibbasis der individuellen Entwicklung in Wechselwirkung mit der Umwelt gesehen. Kinder sind anders, Kinder lernen anders, Kinder erfahren die Welt anders – dies ist eines der Grundaxiome des pädagogischen Denkens, und dieses Grundaxiom führte dann in den anspruchsvollen humanistischen und – ich pauschalisiere – reformpädagogischen Erziehungskonzeptionen zu spezifischen, moralisch und operativ wirksamen Ge- und Verboten für den Umgang der Erwachsenen mit Kindern und Heranwachsenden. Entsprechende Erziehungs- und Schulmodelle sowie Unterrichtslehren waren die Folge.

Weil diese entwicklungsbedingte Besonderheit der Kinder seit der Entdeckung der Kindheit immer gesehen, wertgeschätzt und beachtet wurde und weil dies zu Erziehungs- und Bildungskonzeptionen führte, die Selbstständigkeit und Eigentätigkeit der Kinder und Jugendlichen zu befördern trachteten, sind viele der heute formulierten konkreten, handlungsbezogenen Hinweise und Empfehlungen der »Neuropädagogik« oder »Neurodidaktik« zur Unterrichtsgestaltung in Pädagogenkreisen – insbesondere, wenn sie sich mit Reformpädagogik auskennen – praktisch allesamt bekannt. (Umfassende Darstellungen finden sich bei Berninger/Richards 2002; Spitzer 2002; Arnold 2002.) Dieser Sachverhalt wird auch von den aus der Neurophysiologie in die Pädagogik hineinrufenden Wissenschaftlern sowie den pädagogischen Fachleuten explizit akzeptiert (vgl. z. B. Schirp 2003). Am Ende ihrer umfangreichen Dissertation und in schöner Offenheit schreibt Arnold (2002, S. 336): »So wird deutlich [...], dass ›Brain-Based-Learning and Teaching‹ keine neue didaktische Strömung, kein neues Konzept, keine neue Theorie, keine Strategie oder kein neues Programm ist, sondern die biologischen Grundlagen von Lernprozessen aufdeckt und Hinweise für eine entsprechend sinnvolle didaktische Umsetzung liefert.«

Die entsprechenden reformpädagogischen Erziehungs- und Unterrichtsformen sind bekannt und in Reformexperimenten erprobt, werden aber in der Realität der (Sekundar-)Schulen doch eher selten praktiziert. Durch manche Ergebnisse der Forschung zur Neurobiologie bekommen diese Praxisformen eine neue, moderne wissenschaftliche Bestätigung oder Fundierung. Das kann man positiv bewerten. Ob die neue Fundierung dazu führt, dass diese Praxisformen nun breitere praktische Anwendung finden, bleibt abzuwarten. Zugleich muss man aber auch die Gegenrechnung aufmachen, d. h. sich Gedanken zu der Frage machen, welche problematischen Folgen und tiefer liegenden Irrationalitäten womöglich mit der neurowissenschaftlichen Umschreibung alter reformpädagogischer Überzeugungen und Praxisformen verbunden sein können.

Kurz gesagt, kann man also auf diese erste Rückfrage nach der Geschichte des Themas antworten: Ja, Biologie und Pädagogik haben inhaltlich gesehen ›eigentlich‹ eine lange gemeinsame Geschichte, die aber größtenteils durch Ignoranz, Missverständnisse und Revierkämpfe geprägt ist. Gehirnforschung und Pädagogik haben – daran gemessen – eine recht kurze gemeinsame Geschichte, und es besteht durchaus die Chance, dass ein sinnvoller, produktiver, ebenso Grenzen überschreitender wie grenzenbewusster Diskurs geführt werden kann. Hinsichtlich der praktischen Empfehlungen, etwa für ein effektives nachhaltiges, kind- und jugendgerechtes Lernen in der Schule, hat bislang die Gehirnforschung der didaktischen Praxis nichts wirklich Neues anzubieten. Dies ist die einhellige Auffassung sowohl von Pädagogen wie auch der Mehrzahl der in diesem Feld tätigen Neurowissenschaftler. Sie kann aber altbekannte Praxisformen neu begründen – immerhin.

7.3 Was erklärt das hohe Interesse der Lehrerschaft?

Warum interessieren sich sehr viele Lehrerinnen und Lehrer für die Ergebnisse der neurobiologischen Gehirnforschung? Warum sitzen in den Vorträgen bekannter Neurowissenschaftler so viele Lehrerinnen und Lehrer? Bislang ist dies noch nicht empirisch (etwa durch Befragungen oder Motivstudien) untersucht worden; insofern kann und darf man spekulieren. Ich möchte verschiedene Erklärungsansätze anbieten.

Zunächst einmal muss man natürlich ein positiv zu bewertendes, echtes Informationsinteresse unterstellen. Nicht nur Biologielehrer, auch Lehrer aus anderen Fächern interessieren sich aus rein sachlichen Gründen für neurophysiologische Forschung zum Gehirn bzw. zum Lernen, weil für sie persönlich dieser Forschungsbereich schlicht spannend ist. Hinzu kann treten, dass sie sich Informationen für eine bessere, effektivere Gestaltung ihres Unterrichts erhoffen. Ob sie jedoch zum gegenwärtigen Zeitpunkt diese Informationen bekommen, kann – wie erwähnt – mit guten Gründen bezweifelt werden.

Neben diesen positiv zu bewertenden, interessebedingten Informationsbedürfnissen muss aber als Ergebnis einer etwas tiefer gehenden Betrachtung auch auf folgende Muster hingewiesen werden:

(1) Es könnte sein, dass viele Lehrer der offiziellen Lehre in den allergrößten Teilen der Bildungswissenschaften überdrüssig sind. Diese offizielle Lehre behauptet die weitgehende Plastizität und soziale Formbarkeit von Kindern und Heranwachsenden. Das sozialwissenschaftlich inspirierte Weltbild abstrahiert in großen Teilen von der Leib-Natur des Menschen, betont die soziale Determination, eröffnet den Raum der Möglichkeiten und weist damit allen Sozialisationsagenten und -agenturen die Verantwortung für gelingende und misslingende Erziehung und

Bildung zu. Sofern man in der Verarbeitung seiner beruflichen Erfahrungen zu dem Schluss kommt, dass mit dieser
offiziellen Lehre etwas nicht stimmt, sie zumindest hier
und da große Erklärungsschwächen hat, so ist es möglich,
dass man nach ›härteren‹ Erklärungsmustern sucht. Naturwissenschaftliche Hirnforschung mag hier als eine Art
Ausweg aus der Dominanz des sozialwissenschaftlichen
Menschenbildes sein, das gerade in pädagogischen Berufen
und insbesondere bei manchen Idealisten zu einer Über-
beanspruchung der Kräfte und schließlich zur Erfahrung
des eigenen Scheiterns geführt hat. Sich dann anderen,
z. B. neurowissenschaftlichen Erklärungen zuzuwenden,
kann man als *Enttäuschungsverarbeitung* bezeichnen. Ein
solches Verarbeitungsmuster könnte aber zu neuen Ent-
täuschungen führen, und zwar eben dann, wenn die Neurodidaktik auch nicht weiterhilft. Übrigens: Die Hirnforschung geht von einer weitgehenden Plastizität neuronaler
Strukturen aus.

(2) Das öffentliche Auftreten mancher Neurobiologen
auf dem Feld der Erziehung und des Unterrichts erweckt
– trotz gegenteiliger Beteuerungen – nicht selten den Eindruck, als ob sich mit dem Rekurs auf Neurophysiologie
die Tatsache überspringen lässt, dass Lehren und Lernen
schwierige, anstrengende Dinge sind. Es wird gewissermaßen der Eindruck erweckt, als ob nun das Lernen ganz
leicht, ganz von allein ginge und auch kontinuierlich Spaß
mache. Und die Mühsal des Unterrichtens, die schwierige
Arbeit des Erklärens, die komplexe Aufgabe der Klassenführung, das ewige Benoten, der Kampf gegen Desinteres-
se und Notenorientierung etc., um nur einige Beschwer-
nisse des Lehrerberufs zu nennen – dies alles scheint auf
einmal wie weggeblasen, weil nunmehr gehirngerecht unterrichtet wird. Die Idee ist: Man lernt in der Schule genau
so, wie man im Sonnenstudio braun wird – von allein
(Gruschka 1995). Das ist natürlich eine Illusion, und die
Produzenten und Konsumenten dieser Illusion werden

sich nicht lange über ihre nur kurzfristigen Erfolge freuen können. Vor Jahren hat D. Lenzen (1996) darauf hingewiesen, dass es eine der tiefen Sehnsüchte aller Erzieher ist, nicht mehr erziehen zu müssen. Wenn eine Idee oder ein Ansatz den Gedanken nahe legt, dass alles ganz leicht geht, wenn alles spielerisch und intrinsisch erworben werden kann, dann kann sich dieser Gedanke, diese Assoziation sicherlich sofort des Interesses aller Pädagogen erfreuen. Dieses Muster nenne ich den *Illusionismus des ganz Leichten.*

(3) Die begeisterte Rezeption der Gehirnforschung und der neuen Lernkonzepte durch Pädagogen lässt schließlich drittens auf ein bestimmtes Element schließen, das schon angeklungen ist, aber noch einmal deutlich herausgestellt gehört: Es ist die Verlagerung der Verantwortung für das Gelingen des Lernens auf die Lernenden selbst. Denn je stärker man den selbst-tätigen, von außen nicht steuerbaren, nur intern vom weithin geschlossenen Zentralnervensystem selbst durchzuführenden Charakter des Lernens herausstellt und je stärker man analog dazu die Rolle des Lehrers in Richtung auf die des Bereitstellers von Lernumwelten, des Lernbegleiters, des »Perturbators« modelliert, desto klarer tritt der Lehrer in seiner traditionell anweisenden und anleitenden, zeigenden und bewertenden Rolle zurück. Der Lehrer als dominante und instruierende Figur, die dann aber auch die Verantwortung für das Gelingen seines Tuns trägt – und das Gelingen des Lehrens liegt im Lernen der Schüler –, scheint bei einer gewissen, oberflächlichen Rezeption neurophysiologischen Wissens gewissermaßen zu verschwinden. Mit ihm verschwindet der Erwartungsdruck, der traditionell auf dem Lehrerberuf lastet. Auch dies begünstigt eine positive Haltung zu diesem gesamten Forschungs- und Wissenskomplex. Deshalb bezeichne ich dieses Muster als dasjenige des *Entlastungsgewinns.*

Die Benennung dieser drei Erklärungsmuster für das

Interesse der Lehrerschaft an der Gehirnforschung legt
womöglich den Eindruck nahe, als ob die Gehirnforschung nur aus gewissermaßen ›unlauteren‹ Gründen re-
zipiert wird. Dieser Eindruck ist falsch. Denn für Pädagogen – und damit sind an dieser Stelle sowohl praktisch
tätige Erzieher wie auch Erziehungswissenschaftler gemeint – ist es sehr wichtig, diesen Forschungskontext aufmerksam zu verfolgen und die Ergebnisse zur Kenntnis
zu nehmen. Zugleich aber ist in aller Vorsicht zu konstatieren, dass zum gegenwärtigen Zeitpunkt eine *unmittelbare* Bedeutung für die praktische Lehrerarbeit nicht recht
zu erkennen ist. Vor allem ist nicht erkennbar, dass aus
diesem Forschungskontext heraus tatsächlich *wirklich
neue, bislang nie und nirgendwo gesehene Lernarrange-
ments* für den schulischen und/oder außerschulischen Bereich empfohlen werden bzw. zustande gekommen sind.

Dies steht in direktem Gegensatz zu mancher Propa-
ganda, die in diesem Feld betrieben wird. Eben deshalb
meine ich, dass man dieses Thema insgesamt mit großem
Realismus behandeln sollte, und Kenner tun dies auch.
Aber in der Pädagogik gibt es immer einen gewissen Hang
zum Messianischen, der dann zu Kritiklosigkeit gegenüber allzu durchsichtigen Angeboten führt. Der Glaube
an die Macht der Erziehung ist ja eine der Ersatzreligio-
nen der säkularen Moderne. In der Pädagogik sind – aus
den verschiedensten Überzeugungen, Positionen und For-
schungskontexten heraus – schon sehr häufig Sensationen
annonciert und Heilsversprechen formuliert worden, die
dann hinterher nicht standhielten. Aus erziehungswissenschaftlicher Sicht ist der Bedarf an pädagogischem Sensa-
tionismus insofern eigentlich gedeckt.

Teil II

1. Einleitung: Übersicht und Ziel

Didaktik beschäftigt sich mit allen Fragen des Lehrens und Lernens in einem umfassenden Sinn. Damit wird der Gegenstandsbereich dieses erziehungswissenschaftlichen Arbeitsfeldes sehr weit definiert: Die *Allgemeine Didaktik* thematisiert Lehren und Lernen auf einer grundsätzlichen Ebene in allen seinen Voraussetzungen, Prozessen und Ergebnissen, wobei dieses Lehren und Lernen innerhalb oder außerhalb von Institutionen stattfinden kann. Sofern Lehren und Lernen in Institutionen stattfindet, werden didaktische Fragen sowohl in der vorschulischen Bildung und Erziehung, im Kontext der allgemeinbildenden und der berufsbildenden Schulen – z. T. gesondert nach Fächern oder Lernbereichen, auf der Ebene der Hochschulen (Universitäten, Fachhochschulen), in den Bereichen der außerschulischen Jugendbildung, der Erwachsenen- und Weiterbildung sowie schließlich der Altenbildung relevant. Sofern Fragen des Lehrens und Lernens in einem dieser speziellen Bereiche anstehen, spricht man von *Besonderen Didaktiken* (z. B. Didaktik der Vorschule, Fachdidaktik des Mathematikunterrichts, Hochschuldidaktik etc.).

Lehren und Lernen finden natürlich auch außerhalb pädagogischer Einrichtungen, z. B. in Tanzschulen, Fahrschulen etc., statt. Überall wird gelehrt und gelernt, überall werden in unterschiedlicher Weise Lernprozesse organisiert, geplant, ausgewertet, neu angesetzt etc. Selbst dort, wo man eigenständig und selbsttätig ohne Anleitung eines Lehrers und ohne die Rahmung durch Lehrpläne oder Prüfungen lernt, kann die Didaktik auch noch zum Zuge kommen – als Autodidaktik (Didaktik des Selbstlernens). Und selbstverständlich unterliegt die Erstellung von (Lehr-)Büchern und Einführungen zur Didaktik ebenfalls bestimmten Geboten der Didaktik.

Gleich zu Beginn sei warnend darauf hingewiesen: Eine Sache didaktisch aufzubereiten, sich didaktisch zu verhalten hat einen durchaus ambivalenten Ruf. In pädagogischen Zusammenhängen wird es durchaus noch begrüßt – wenn es denn kompetent gemacht wird. Unterricht muss didaktisch sein. In außerpädagogischen Zusammenhängen das Ziel massiver Didaktisierungsbemühungen anderer zu sein, wird schon deutlich weniger geschätzt. Da möchte man motiviert und fasziniert werden – aber nicht didaktisch an die Hand genommen. Damit soll angedeutet werden: Didaktisches Handeln hat immer den Beigeschmack des Künstlichen, des Anleitenden, der Gängelung oder gar Nötigung. Es ist ein Handeln, das sehr schnell als überdosiert wahrgenommen wird. *Überall* Chancen für Didaktisierung zu sehen, ist eine berufsbedingte Haltung von Schulpädagogen und (manchen) Lehrern. Eine solche Didaktisierung dann auch noch in *Überdosis* anzubringen, muss man wohl schon als eine Art Berufskrankheit allzu ambitionierter Pädagogen bezeichnen. Insofern ist es wichtig, sich immer auch der sachlichen und moralischen Grenzen der Didaktik bzw. der Didaktisierbarkeit von Lern- und Erfahrungsprozessen bewusst zu sein.

Bedeutet die in der modernen Gesellschaft zunehmende Tendenz zum lebenslangen formellen und informellen Lernen auch für die Didaktik ein »Lebenslänglich«? Wird mit der Zumutung ständigen Weiterlernens der Zwang zur Didaktisierung des Lernens und am Ende des ganzen Lebens universell? Dem ist nicht so, denn die Planung, Unterstützung, organisatorische und personelle Absicherung von Lehren und Unterrichten als Bedingung für das individuelle Lernen nehmen im Lebenslauf eher ab; die zentrale Lebensphase organisierten, formellen Lernens ist – in Deutschland – immer noch die Pflichtschulzeit zwischen dem 6. und 15. bzw. 16. Lebensjahr als Vollzeitschulpflicht und zwischen dem 16. und 18. Lebensjahr als Teilzeitschulpflicht. Hierdurch bedingt hat die Didaktik traditionell und bis heute eine sehr stark schulbezogene Ausrichtung.

Die Darstellung ist in folgender Weise strukturiert:

- Bevor auf didaktische Theorien und Modelle, die ja immer bestimmte wissenschaftliche Perspektiven auf ihren Gegenstand richten, eingegangen wird, geht es im *ersten Kapitel* um diesen Gegenstand selbst: um den Unterricht. Noch diesseits aller Theoretisierung sollen einführend einige Grunddimensionen von Unterricht erläutert werden.
- Im *zweiten Kapitel* werden traditionelle und neuere Modelle der Allgemeinen Didaktik vorgestellt und erläutert. Hierbei konzentriere ich mich auf die jeweiligen Grundlagen. Auf diese Weise soll die Variationsbreite des didaktischen Denkens verdeutlicht werden.
- Das *dritte Kapitel* wendet sich einem in didaktischen Zusammenhängen oft vernachlässigten Thema zu: der Frage der Unterrichtsmethoden. Für die Realisierung erfolgreichen Lehrens und Lernens sind die Methodenauswahl und Methodenpraxis häufig entscheidender als die weit gespannten und manchmal sehr grundsätzlichen Erörterungen auf der Ebene der allgemeindidaktischen Modelle.
- Im *vierten Kapitel* schließlich wird skizziert, wie man sich – vor allem angesichts der Weiterentwicklung der empirischen Unterrichtsforschung – die Zukunft der Allgemeinen Didaktik vorstellen könnte.

2. Was ist Unterricht?

2.1 Zentrale Kennzeichen von Unterricht

Was man im Allgemeinen unter Unterricht versteht, kann als bekannt vorausgesetzt werden. Dieser allerdings auf das Verständnis von Erziehung und nicht vom Unterricht gemünzte berühmte Satz Friedrich Daniel Schleiermachers (1768–1834), eines pädagogischen Klassikers (und hauptberuflichen Theologen) aus dem frühen 19. Jahrhundert, gilt heute vielleicht nicht mehr für die Erziehung insgesamt – man weiß eigentlich immer weniger, was das ist bzw. heute noch sein kann. Wohl aber gilt er in einem bestimmten Sinn für den Unterricht: Zumindest in modernen Gesellschaften durchläuft – anders als noch zu Schleiermachers Zeiten – jede Person über lange Jahre das staatliche Pflichtschulsystem, wird darin unausweichlich Teilnehmer von Unterrichtsprozessen, »weiß« also, was Unterricht »ist«. Um auf grundlegende Elemente, Prozesse und Probleme von Unterricht aufmerksam zu machen, ist es deshalb notwendig, hinter die Selbstverständlichkeiten der Alltagswahrnehmung und des Alltagsverständnisses von Unterricht zurückzugehen.

Zunächst noch unabhängig von seinen pädagogischen Zielsetzungen und seiner Einbettung in das Schulsystem wird mit *Unterrichten* ein Vorgang bezeichnet, in dessen Verlauf von Seiten des Unterrichtenden aus der Versuch unternommen wird, eine Erweiterung des gegebenen Wissens-, Kenntnis- und Fähigkeitsstandes auf Seiten des bzw. der Unterrichteten hervorzurufen. Damit dieser Vorgang zustande kommt, ist also zumindest das Vorhandensein einer unterrichtenden sowie einer unterrichteten Seite notwendig. Ohne Bezug auf einen oder mehrere Adressaten, auf jemanden also, der unterrichtet wird, ist z. B. die Äußerung »Ich habe unterrichtet« nicht sinnvoll. Dabei ist es für die Zumessung des Begriffs »Unterrichten« zunächst ohne Belang, ob der damit bezeichnete Vorgang zum Erfolg – sprich: zum Lernen des Unterrichteten – geführt hat oder nicht. Umgekehrt impliziert die Wendung »Ich wurde unterrichtet« die Existenz einer Person oder Instanz, die unterrichtet hat. Diese immanente Zweiseitigkeit jeder Verwendung des Begriffs Unterricht muss nun noch um ein Drittes erweitert werden: um einen bestimmten Gegenstand oder Inhalt, über den die eine Seite unterrichtet hat bzw. über den die andere Seite unterrichtet wurde. Man kann nicht über nichts unterrichten; man kann nicht über nichts unterrichtet werden.

Formen der Unterricht*ung* sind im zwischenmenschlichen Leben in vielfältiger Weise anzutreffen: Eine ortsunkundige Person wird von einer anderen über den besten Weg zu einem Ziel informiert; ein Verkäufer weist einen Kunden auf die Eigenschaften eines Produkts hin; eine Bedienungsanleitung belehrt über den sachgemäßen Umgang mit einem Gerät; ein Junge zeigt seinem Freund, wie man einen Elfmeter schießt – und ein Parkwächter weist beide darauf hin, dass man das hier nicht darf; ein Kunststudent erläutert einer Gruppe, was man auf einem Gemälde sieht, wenn man richtig hinsieht usw. Bei entsprechend ausgerichteter Aufmerksamkeit wird man überrascht feststellen, wie häufig es im Rahmen alltäglicher Kommunikation zur Unterrichtung anderer wie auch umgekehrt zum Unterrichtet-Werden durch andere kommt. Gleichwohl sträubt sich der Alltagsverstand, der ja im Allgemeinen weiß, was Unterricht »ist«, solche Situationen alltäglicher Unterweisung, Information und Belehrung als Unterricht wahrzunehmen bzw. zu bezeichnen. Die Bezeichnung »Unterricht« wird vielmehr für solche Situationen reserviert, in denen (1) mit *pädagogischer Absicht* und (2) in *planmäßiger Weise* sowie (3) innerhalb eines bestimmten *institutionellen Rahmens* und (4) in *Form von Berufstätigkeit* eine Erweiterung des Wissens- und Fähig-

keitsstandes einer Personengruppe angestrebt wird. Diese
vier Merkmale sollen im Folgenden erläutert werden.

(1) *Pädagogische Absicht:* Zunächst einmal kann von
Unterricht nur dort die Rede sein, wo *bewusst* und *mit
pädagogischer Absicht* eine Erweiterung des Wissens- und
Fähigkeitsstandes der Unterrichteten erreicht werden soll.
Das anvisierte Ziel des Unterrichts kann dabei sehr weit
und umfassend oder aber sehr spezifisch und eng definiert
sein. Bestimmend für Unterricht ist seine pädagogische
Zielsetzung, und zwar unabhängig davon, ob es sich beim
zu unterrichtenden Personenkreis um Kinder, Jugendliche
oder Erwachsene handelt. Eine pädagogische Zielsetzung
des Unterrichts wird letztlich immer daran orientiert sein,
nicht auf der Ebene einfacher Wissens- und Fertigkeits-
vermittlung stehen zu bleiben, sondern darüber hinaus
komplexe, anspruchsvolle Ziele wie Einsichtsfähigkeit und
problemlösendes Denken zu erreichen sowie schließlich
ein Lernen des Lernens selbst, um die weitere Kompetenzentwicklung der Unterrichteten von der Teilnahme an
formalisierten Unterrichtsprozessen abzukoppeln und damit zu deren Selbstständigkeit im Erkennen, Urteilen und
Handeln beizutragen. Dies bedeutet zugleich, dass die pädagogische Intentionalität des Unterrichts immer in übergreifende, gesellschaftlich bedingte und historisch wandel-
bare Persönlichkeits-, Bildungs- und Erziehungsideale
eingebettet ist.

(2) *Planmäßigkeit:* Zusätzlich zum Merkmal der pädagogischen Intentionalität oder Absichtlichkeit ist Unterricht durch seine Planmäßigkeit gekennzeichnet. Das Ziel
des Unterrichts wird auf eine planmäßige, in sachlicher
und zeitlicher Hinsicht strukturierte Weise zu erreichen
versucht. Dadurch verliert Unterrichtung den Charakter
des Unsystematischen und Zufälligen, den sie im Alltag
hat, und wird zu »Unterricht«. Die Verbindung zwischen
Unterrichtsabsicht und Unterrichtserfolg, zwischen Lehren und Lernen wird anhand eines mehr oder weniger fes-

ten Inhalts- bzw. Themenkanons sowie mittels eines geeigneten Schematismus, eines Wegs, einer »Methode« hergestellt. Die Planmäßigkeit des unterrichtlichen Handelns, zu der auch die Kontrolle des Grades der Zielerreichung gehört, erhöht die Effektivität des Unterrichtsvorgangs im Vergleich zu den oben erwähnten alltäglichen Formen von Unterrichtung und Information. Sie schafft andererseits jedoch zugleich mit dem höheren Grad an Verbindlichkeit und Regelhaftigkeit ein gewisses Maß an Standardisierung, oder anders: an Zwang.

(3) *Institutionalisierung:* Das dritte Kennzeichen von Unterricht ist seine Institutionalisierung. Im Unterschied zu unsystematischen und zufälligen Formen spricht man von Unterricht erst dann, wenn Lehren und Lernen durch äußere, gesetzliche und organisatorische Vorgaben institutionalisiert ist, das Zustandekommen von Unterrichtssituationen also nicht zufällig und/oder in Abhängigkeit von individuellen Willensentscheidungen, sondern mit fester Erwartbarkeit erfolgt. In modernen Gesellschaften stellt das Schulsystem den äußeren Rahmen für das ebenso regelmäßige wie regelhafte Zustandekommen von Unterricht dar. Institutionalisierung heißt in diesem Zusammenhang, dass der zu unterrichtende wie auch der unterrichtende Personenkreis definiert ist, dass die Eingänge in die Institutionen, die Übergänge in der und die Ausgänge aus der Institution geregelt sind und dass Abläufe und Vorgehensweisen weitgehend unabhängig vom Geschmack und den Wertvorstellungen einzelner Personen auf der Basis allgemeiner Festlegung und Vorschriften gestaltet und durchgeführt werden. Planmäßigkeit und Institutionalisierung zusammen bedeuten aber auch, dass das Lehren und Lernen in den Klassenzimmern nunmehr vom »natürlichen« Lebens- und Erfahrungsstrom der Beteiligten abgetrennt ist und eben dadurch zwar einen höheren Grad an Verbindlichkeit, Allgemeinheit und Effizienz, zugleich aber auch den Charakter des Künstlichen und Inszenierten erhält.

(4) *Verberuflichung:* Als letztes Merkmal für die Verwendung des Begriffs Unterricht muss auf die Verberuflichung der Unterrichtstätigkeit hingewiesen werden. In enger Verbindung mit der Institutionalisierung des Unterrichtswesens und einer Methodisierung des Lehr-Lern-Prozesses hat sich im historischen Verlauf die Verberuflichung der Unterrichtstätigkeit durchgesetzt: Unterrichtet wird nicht nebenbei, sondern in Form von hoch spezialisierter und bezahlter Berufsarbeit. Heute gelten die wissenschaftlich ausgebildeten und vom Staat geprüften Lehrer als Experten für das Unterrichten. Ihre Ausbildung und Lizenzierung sowie die institutionalisierten Vorgaben und Regeln der Berufsausübung grenzen ihre Tätigkeit von der unsystematischen und zufälligen Weise ab, in der die Laien im Alltag »unterrichten«. Die Verberuflichung der Unterrichtstätigkeit hat insgesamt zur Intensivierung des Unterrichtens in Prozess und Resultat beigetragen sowie die Differenz zwischen Unterrichtung als natürlichem Bestandteil von Alltagskommunikation und dem institutionalisierten Unterrichten in Schulen noch vergrößert: Es gibt jetzt zusätzlich die Grenze zwischen Experten und Laien.

Legt man diese vier Kriterien zugrunde, so wird deutlich, dass mit Unterricht im engeren Wortsinn der Unterrichtsprozess in Schulen gemeint ist, wobei das (staatliche) Pflichtschulsystem im Mittelpunkt steht. Deshalb ist im Folgenden auch ausschließlich vom Schulunterricht die Rede; der Unterricht in speziellen Sprach-, Musik-, Sport-, Fahr- und Reitschulen bleibt hier unberücksichtigt. Ebenso wird nicht gesondert auf Handlungsweisen wie Informieren, Belehren, Einweisen, Instruieren, Überzeugen, Überreden u. Ä. eingegangen, obwohl sie (und vieles andere mehr) innerhalb des Schulunterrichts natürlich auch vorkommen.

2.2 Ansatzpunkte für unterrichtsbezogenes Denken

Im Folgenden sollen nicht schon didaktische Theorien und Modelle selbst, sondern – diesen gewissermaßen vorausliegend – vier elementare Ansatzpunkte unterrichtsbezogenen Denkens erläutert werden, die sowohl bei außenstehenden Beobachtern (z. B. Erziehungswissenschaftlern), bei privat von Unterricht Betroffenen (Eltern, Schülern) als auch bei beruflich für Unterricht Verantwortlichen (Lehrern, Schulverwaltung) immer wieder anzutreffen sind.

2.2.1 Die Inhalte:
Von der Bildungstheorie zu den Bildungsstandards

Für eine ganze Reihe von unterrichtsbezogenen Argumentationen bilden die *Inhalte*, also dasjenige, was durch Unterrichtsprozesse vermittelt werden soll, den zentralen Ansatzpunkt. Der dazugehörige grundlegende Gedankengang lässt sich etwa wie folgt kennzeichnen: Durch Unterricht sollen Schülern Wissen und Fähigkeiten vermittelt werden. Als Erstes muss also festgelegt sein, was Schüler durch Unterricht eigentlich erlernen sollen, welche Inhalte ihnen zu präsentieren sind. Ist dies bestimmt, so ergeben sich der Aufbau und das »Wie«, die Methode des Unterrichts gleichsam von allein, also etwa aus der inneren Sachstruktur oder Logik der zu vermittelnden Inhalte. Den Fragen des Kanons, also der Auswahl und Anordnung von Inhalten des Lehrens und Lernens, die als wertvoll und nützlich angesehen werden, widmet dieser didaktische Denkansatz seine ganze Konzentration. Damit sind Entscheidungen auf unterschiedlichen Ebenen angesprochen: die Auswahl und Verteilung des für die Nachwachsenden als wertvoll erachteten Wissens für das Schulsystem bzw. seine verschiedenen Kanäle (welche Schüler sollen mit welchen Inhalten konfrontiert werden?), die zeitliche Anordnung und Verteilung der Lerninhalte über die gesamte Pflichtschulzeit hinweg (was wird wann unterrichtet?) bis hin zu der Frage, wie einzelne Schuljahre, Fächer, Unterrichtseinheiten und schließlich Unterrichtsstunden unter Zugrundelegung der inneren Systematik der Lerninhalte aufgebaut sein sollen.

Entscheidungen über Inhalte des Unterrichts sind auf den verschiedenen Ebenen aber nur dann möglich, wenn man Kriterien festlegt, auf deren Grundlage eine Unterscheidung zwischen notwendigen, sinnvollen, wünschenswerten, schulisch tauglichen Inhalten einerseits, überflüssigen, sinnlosen, abzulehnenden und schulisch untauglichen Inhalten andererseits getroffen werden kann. Jede Kultur entwickelt hierfür mehr oder weniger stabile Traditionen, die sich auf das jeweils vorherrschende Gesellschafts- wie auch Persönlichkeitsideal stützen. So ist etwa die höhere, »gelehrte« Bildung bis heute am Ideal der Kultivierung intellektueller Fähigkeiten ausgerichtet, wodurch deren Schulen als Denk- und Wissensschulen etabliert sind. Die Inhalte der »niederen« Bildungsinstitutionen dagegen beschränken sich auf die Vermittlung der grundlegenden Kulturtechniken, auf sozial-moralische Disziplinierung sowie auf die Hinführung zu praktischen Anforderungen der Berufswelt.

Hinsichtlich der Theorien zum *Lehrplan* bzw. dann zur Inhaltlichkeit des Unterrichts lassen sich nachzeichnend-beschreibende von stärker eingreifenden Varianten unterscheiden. Zu den erstgenannten gehört z. B. die Lehrplantheorie Erich Wenigers (1894–1961) aus den 20er Jahren des 20. Jahrhunderts (1932/1971), der den Lehrplan als Ergebnis der Auseinandersetzung geistiger Mächte bezeichnet. Das Ergebnis dieses Auseinandersetzungsprozesses wird vom Staat als dem Träger des Schulwesens verwaltet, gesetzlich geregelt und in den Schulen umgesetzt. Die Pädagogik mischt sich mit ihren Mitteln in diesen Auseinandersetzungsprozess ein und nimmt dabei stellvertretend die Interessen der nachwachsenden Generation gegenüber allen Versuchen einer allzu frühen und/oder allzu speziellen Indienstnahme für äußere (z. B. berufliche) Zwecke wahr. Letzteres käme einer problematischen Einengung der Entfaltungsmöglichkeiten der nachwachsenden Generation gleich. Das Bildungsideal dient gleichsam als eine Art normative Instanz (»Filter«), an dem sich alle Ansprüche von Inhalten auf Platzierung in den Lehrplänen zu bemessen haben.

Unterhalb der Ebene der Lehrpläne kommt dem einzelnen Lehrer die Aufgabe zu, sich die bildenden Gehalte der Lehrplaninhalte zu vergegenwärtigen und auf die besondere Situation seiner Klasse und seines Unterrichts zu beziehen. Wie andere Bildungstheoretiker sah auch Weniger in der Begegnung von Bildungsgütern und der nachwachsenden Generation, in der produktiven Auseinandersetzung zwischen »Ich« und »Welt« den Zündfunken für individuelle Bildungsprozesse. Diesen Zündfunken entstehen zu lassen, ist Aufgabe des Lehrers. Durch seine Tätigkeit soll sich bei den Schülern »Stoff« in »Geist«, schließlich in »Bildung« verwandeln. *Didaktik* beschäftigt sich – diesem Ansatz zufolge – mit Fragen der Inhaltsauswahl und -anordnung. Insofern stellt konsequenterweise eine »didaktische Analyse« der Inhalte den Kern der Unterrichtsvorbereitung dar; hieran haben sich die methodischen Überlegungen anzuschließen. Konstitutiv für die Gestaltung des Unterrichts sind damit die als »bildend« festgelegten Inhalte, die allerdings immer im Blick auf die besondere Situation der Klasse auszulegen waren. Dieses Denkmuster hat im bekannten »Satz vom Primat der Didaktik vor der Methodik« seinen bekanntesten Ausdruck gefunden, ein Satz, der von seinem Schöpfer, Wolfgang Klafki (1963, 1996; vgl. auch Meyer/Meyer 2007), allerdings schon seit geraumer Zeit dahingehend revidiert worden ist, dass nunmehr der *Primat der Intentionalität* oder

der Zielfrage vor den Inhalts- und Methodenentscheidungen behauptet wird. Damit wird die Bedeutung des Bildungsbegriffs und seiner normativen, das Eigenrecht der Heranwachsenden verteidigenden Implikationen deutlich unterstrichen.

Im Rahmen dieses Denkens wandeln sich Lehrpläne im historischen Prozess, und die pädagogische Forschung kann dann nachzeichnen, wie es zu einem solchen Wandel gekommen ist. Einem solchen *rekonstruktiven* Verfahren steht ein Ansatz gegenüber, der den Prozess der Lehrplanerstellung *konstruktiv* zu bewältigen sucht. Dieses Motiv hat seinen Ausdruck in Verfahren der *Curriculumkonstruktion*, d. h. der Neu-Erstellung von Lehrplänen gefunden. Als bekanntestes Beispiel sei hier an den Ansatz von Saul B. Robinsohn (1916–72) aus dem Jahre 1967 (Robinsohn 1967) erinnert, der ein dreischrittiges Verfahren vorsah: Zunächst müsse mittels prognostischer Verfahren ermittelt werden, welche Lebenssituationen die nachwachsende Generation in Zukunft zu bewältigen habe. Hieraus könne dann abgeleitet werden, welche Qualifikationen notwendig sind, um diese Lebenssituationen zu bewältigen. Und drittens schließlich sei festzulegen, welche Lehrplaninhalte und Unterrichtsformen notwendig sind, anhand derer die Schüler diese Qualifikationen erwerben können. Man erkennt: Den entscheidenden Maßstab bildet hier die qualifizierende Funktion von Schule und Unterricht für die Bewältigung zukünftiger Aufgaben. Das gegebene Lehrplangefüge sollte in einem umfassenden, wissenschaftlichen Verfahren von Grund auf revidiert werden, um den behaupteten Modernitätsrückstand der Schule und ihrer Inhalte gegenüber der durch Wissenschaft und Technik bestimmten Entwicklung der Gesellschaft zu überwinden. Als aktuelles Beispiel für einen solchen Ansatz kann das gegenwärtige Bemühen um die Definition und Durchsetzung von Bildungsstandards gelten (Klieme u. a. 2003).

Die Problematik einer an den Inhalten ansetzenden Argumentation ist jedoch nicht nur pragmatischer, sondern grundsätzlicher Natur: Auch wenn festgelegt ist, was Schüler warum lernen sollen, bleibt für den einzelnen Lehrer immer noch die Aufgabe, den Inhaltskanon auf seine je individuellen Möglichkeiten sowie auf die besondere Situation des Unterrichts in seiner Klasse zu beziehen. Ein bestimmter Lehrplaninhalt ist auf sehr unterschiedliche Weise in ein »Thema« zu verwandeln, lässt sehr unterschiedliche Weisen der Inszenierung durch den Lehrer zu. Dies wiederum hat unterschiedliche Konsequenzen für die Erfahrung und aktive Aneignung dieses Gegenstandes auf Seiten der Schüler. Der Rückgriff auf eine zwingende innere Systematik des Stoffs vermag in den meisten Bereichen des schulischen Lehrens und Lernens nicht die erhoffte Sicherheit in der Gestaltung des Unterrichts zu bieten. Inhalte können auf vielfältige Weise zu Themen gemacht werden und bekommen durch die Art der methodischen Realisation ihr »Gesicht«. Der im Unterricht zum Thema gewordene Inhalt wird auf Seiten der Schüler darüber hinaus individuell unterschiedlich angeeignet. Damit rückt ein zweiter elementarer Ansatzpunkt für didaktisches Denken ins Blickfeld.

2.2.2 Das Lernen: Von Herbart zur kognitiven Unterrichtspsychologie

Während eine ganze Reihe von unterrichtsbezogenen Argumentationen auf dem Weg über die Inhalte des Lehrens und Lernens dem Unterrichtsprozess Sinn und Struktur zu geben beabsichtigt, sich also dem Gegenstand oder Objekt des Lehrens und Lernens zuwendet, setzt eine zweite Familie von theoretischen Konzepten auf der Subjektseite des Unterrichts an: auf der Seite der Lernenden, genauer: auf der Seite der *Lernprozesse,* die ja durch Un-

terricht eingeleitet werden sollen. Auch hier ist der grundlegende Gedankengang schnell erläutert: Sind erst einmal
die Gesetze und Prinzipien des Lernens erkannt, so lassen
sich daraus diejenigen Verfahren ableiten, mit denen man
Lernprozesse organisieren, vielleicht sogar steuern kann.
Und hat man erst einmal eine Wissenschaft vom Lernen,
so wird es möglich, das Unterrichten (als ein gezieltes
Lernen-Machen) von einem handwerklich-künstlerischen
auf ein wissenschaftlich-technisches Niveau zu heben – so
zumindest in den Szenarien mancher Lerntheoretiker und
Unterrichtspsychologen.

Die Begründung des Unterrichts durch Rückgriff auf
die Art und Weise, wie Schüler lernen bzw. wie ihre Lernfähigkeit erst entfaltet werden soll, hat eine lange Tradition. Einen ersten Höhepunkt findet diese theoretische
Orientierung in den unterrichtsbezogenen Vorstellungen
von Johann Heinrich Pestalozzi (1746–1827) und Johann
Friedrich Herbart (1776–1841) im Übergang vom 18. zum
19. Jahrhundert. Ersterer vertrat einen eher ganzheitlich-
intuitiven, Letzterer dagegen einen analytisch-rationalen
Ansatz. In Verkennung der Herbart'schen Vorstellungen
vom »erziehenden Unterricht«, den dieser übrigens mit
Schulunterricht überhaupt nicht in Verbindung gebracht
hat, wurde von seinen Adepten in der zweiten Hälfte des
19. Jahrhunderts, den sog. Herbartianern (Rein, Stoy, Ziller u. a.), ein Schema der methodischen Schrittfolge für
Unterrichtsprozesse abgeleitet (Formalstufenmethode)
und für die Lehrerschaft verbindlich gemacht, das sich in
die autoritäre Erziehungs- und Unterrichtsmentalität des
ausgehenden 19. Jahrhunderts einordnete.

Die Vertreter eines *reformpädagogischen Denkens*, die
zu Beginn dieses Jahrhunderts diese Form des außengе-
lenkten, disziplinbestimmten, in der Praxis auf Wissensan-
häufung hinauslaufenden Unterrichts kritisierten, taten
dies ebenfalls unter Rekurs auf Lern- und Entwicklungspsychologie – nur eben gestützt auf andere, kindgemäße-

re, ganzheitliche, die Eigenaktivitäten der Schüler berück-
sichtigende bzw. fördernde Ansätze in der (damaligen)
Kinder- und Jugendpsychologie. Und in der streng erfah-
rungswissenschaftlichen, nicht-spekulativen, sich ausschließlich auf Beobachtungsdaten stützenden Reiz-Reak-
tions-Psychologie des Behaviorismus stand schließlich ein
Ansatz zur Verfügung, der nun endgültig das Lehren und
Lernen im Klassenzimmer in wissenschaftlich-technische
Kontrolle nehmen wollte. Die moderne Kognitionspsychologie, die in genauer Absetzung zum Behaviorismus
wieder ein bisschen Weisheit zwischen Reiz und Reaktion
zulässt, betont dagegen die Notwendigkeit, die aktiv er-
kennende und aneignende Rolle des Lernenden auch im
Rahmen angeleiteter Lernprozesse grundsätzlich zu berücksichtigen.

Man erkennt – und das sollte gezeigt werden: Je nach
reklamiertem lern- und entwicklungspsychologischem Ansatz kommt man zu ganz unterschiedlichen Konsequenzen für die Unterrichtsgestaltung. Die Hoffnung, aus
Erkenntnissen über Lernen zu klaren und eindeutigen
Vorgaben für die Gestaltung von Unterrichtsprozessen zu
gelangen, erweist sich also als trügerisch: Es gibt nicht nur
ein Lernen, sondern verschiedene Formen, Dimensionen
und Qualitäten des Lernens, die von einer Reihe von
Lerntheorien sehr unterschiedlich be- und ausgeleuchtet
werden. Dies lässt sich kurz an zwei Beispielen verdeutlichen:

(1) Für den *Behaviorismus* wird das Verhalten von Organismen als durch äußere Reize ausgelöst betrachtet.
Lernen wird als Verhaltensänderung definiert, die durch
eine Veränderung gegebener bzw. durch den Aufbau neuer Reiz-Reaktionsketten sowie durch positive Verstärkung
erwünschten Verhaltens zu erreichen ist. Lernprozesse
auszulösen läuft insofern im Kern auf Verhaltensformung
hinaus. Damit eine solche Verhaltensformung möglich ist,
muss zunächst das anzustrebende Zielverhalten präzise

bestimmt sein. Erst dann wird es möglich, ein Programm aufzustellen, das in kleinen systematischen Schritten den gegebenen Ausgangszustand in den Zielzustand überführt: »Lernziel« erreicht! Abgeschlossen wird eine solche Lernsequenz aber erst durch eine Kontrolle: Inwieweit ist das angestrebte Lernziel tatsächlich erreicht worden? Erst wenn dies gesichert ist, kann zur nächsten Sequenz übergegangen werden usw. Übertragen auf Unterricht verlangt dies eine genaue Einteilung und Konkretisierung von zu erreichenden Lernzielen und abzuarbeitenden Lerninhalten sowie geeignete Kontrollverfahren auf der Ebene der Lehrpläne und Unterrichtsmaterialien sowie ein strikt daran orientiertes, alle Zufälligkeiten und Abschweifungen möglichst vermeidendes Unterrichten des Lehrers. Die Kleinschrittigkeit des vorbereiteten Lernwegs soll das Erlebnis permanenten Erfolgs garantieren; ständige positive Verstärkung wäre damit gesichert. Würde sich ein solcher *lernzielorientierter Unterricht* tatsächlich massenhaft im öffentlichen Schulwesen realisieren lassen, wäre damit tatsächlich so etwas wie die Industrialisierung des Lehr-Lern-Prozesses erreicht, in der Curriculumexperten und Unterrichtspsychologen als Lerningenieure, Lehrer als streng weisungsgebundene Bandarbeiter und Schüler lediglich als zu formende Produkte vorkommen – eine sicherlich beklemmende, aber zum Glück unrealistische Vorstellung.

(2) Für die moderne *kognitive Lernpsychologie* bildet nicht das Konzept *reizkontrollierten* Verhaltens von Organismen, sondern die Vorstellung eines von Denkprozessen organisierten *zielgerichteten* Handelns von Menschen den Mittelpunkt. Lernen ist das Ergebnis eines aktiven Auseinandersetzungsprozesses zwischen äußerer Welt und erkennendem und handelndem Subjekt, welches sich aktiv anhand innerer Modelle der äußeren Welt in seiner Wirklichkeit orientiert. Lernen heißt dann: Aufbau, Erweiterung und Erprobung von kognitiven Strukturen in inhalt-

licher (Wissen) und formaler (Denken) Hinsicht. In Konsequenz dieses Lernverständnisses muss jeder Versuch des Lernen-Machens, des Unterrichtens, die aktive, selbst organisierende Rolle der Lernenden beachten und fördern. Unterrichten heißt dann: solche Erfahrungsmöglichkeiten bereitstellen, in denen der aktive Aneignungsprozess provoziert, gefördert und erleichtert wird. Voraussetzung hierfür ist, dass es Anschlussmöglichkeiten zwischen bereits vorhandenen kognitiven Strukturen und dem inhaltlichen Aufbau der zu vermittelnden und anzueignenden Wissenselemente und Fähigkeiten gibt. Sicherlich kann dabei das Mischungsverhältnis zwischen systematisch vorbereitetem, in Lehrgängen organisiertem, darbietendem Lehren (»Zeigen« durch den Lehrer) und einem stärker auf ein selbstständiges Entdecken und Aufschlüsseln von Inhalts- und Problembereichen setzendes Unterrichten (»Finden« durch die Schüler) von Fall zu Fall anders aussehen. Entscheidend ist jedoch, dass unterrichtsbezogenes Denken die Schüler nicht lediglich als von außen zu steuernde, passive Verhaltensautomaten behandelt, mit deren »richtigen« Antworten man sich zufrieden gibt. Die kognitive Unterrichtspsychologie betrachtet die Schüler demgegenüber als zur Selbstständigkeit fähige, Bedeutung aufbauende, die Aufgaben und Inhalte im Sinne eines bedeutungshaltigen, »verstehenden« Lernens erarbeitende und dabei diese Lernkompetenzen (weiter-)entwickelnde Personen.

Diese beiden Beispiele für lernprozessbezogenes Argumentieren innerhalb des didaktischen Denkens machen exemplarisch deutlich, dass menschliches Lernen ein hochkomplexer und vielgestaltiger Prozess ist, der sehr verschiedene Formen, Verläufe und Qualitäten annehmen kann. Diese verschiedenen Arten und Dimensionen des Lernens – vom einfachen, mechanischen bis hin zum komplex-kognitiven, vom reinen Wissenserwerb bis hin zum Lernen des Lernens selbst, vom motorischen, kogni-

tiven und sozialen bis hin zum moralischen und ästheti-
schen Lernen – sind im Unterricht bzw. in der Schule allesamt anzutreffen und notwendig. Schulisch organisierter
Unterricht ist gewissermaßen ein Vielzweck-Unterneh-
men, und die Art der Organisation des Lernens im Unterricht muss diesen verschiedenen Zwecken genügen.

Unabhängig von der Unterschiedlichkeit der Lernprozesse, Lernqualitäten und Lerntheorien sowie den daraus
resultierenden Unterschieden in den didaktisch-methodischen Konsequenzen muss abschließend zum lernpsychologischen Ansatzpunkt für didaktisches Denken gefragt
werden, was es eigentlich bedeutet, wenn Unterricht sich
auf Erkenntnisse über Lernen stützen will, die Unter-
richtsorganisation also gleichsam eine Ableitung aus Erkenntnissen über Lernprozesse ist. Derartige, von der
Lernpsychologie her argumentierende Didaktiken stehen
nämlich nicht nur vor der Frage, an welche der verschiedenen Lerntheorien sie anschließen wollen: Grundsätzlich
ist zu fragen, ob nicht vielmehr umgekehrt durch die Art
und Weise des Unterrichts die Art des Lernens sowie auch
die Entwicklung verschiedener Lernweisen bestimmt, befördert oder eben verhindert wird. Die jeweils gegebenen,
»mitgebrachten« Lernformen und -strategien der Schüler
dürfen unter pädagogischen Gesichtspunkten ja nicht als
unveränderbare Bedingungsgrößen verstanden werden, an
die der Unterricht sich anzuschmiegen hat. Sie sind demgegenüber als veränderbare und veränderungsbedürftige
Formen zu begreifen genau so, wie Motivation und Interesse zum Lernen nicht nur vorausgesetzt werden können,
sondern geweckt werden müssen. Diese, das Lernen und
seine verschiedenen Qualitäten allererst *erschließende*
Aufgabe des Unterrichts kommt dann zu kurz, wenn lediglich in der Denkfigur »*So* geht Lernen. Deshalb muss
so unterrichtet werden!« verblieben wird.

2.2.3 Die Erziehung:
Von der Schulzucht zum sozialen Lernen

Neben den Inhalten mit ihrer (bildenden und/oder quali-
fizierenden) Bedeutung und den Lernprozessen, die es
durch Unterricht auszulösen und zu fördern gilt, stellt die
Idee einer über reine Wissensvermittlung hinausgehenden
Aufgabe der *Erziehung im und durch Unterricht* einen
dritten grundlegenden Ansatzpunkt für unterrichtsbezogenes Denken dar. In dieser Perspektive wird der Unterrichtsprozess nicht lediglich von seiner inhaltlichen *In-
struktions-*, sondern zusätzlich von seiner für soziales und
moralisches Lernen genau so wichtigen *Interaktionsseite*
her in den Blick genommen. Der Grundgedanke lautet:
Die Teilnahme an Unterrichtsprozessen hat – ob man will
oder nicht – in jedem Fall über die Wissensdimension hin-
ausgehende breitere, die ganze Persönlichkeit prägende
Wirkungen auf die Schüler. Moderner ausgedrückt: Unterricht sozialisiert. Diese sozialen und moralischen Erfahrungen der Schüler dürfen aber nicht als dem »eigentlichen« Unterrichtszweck äußerliche und unkontrolliert
mitlaufende Wirkungen von Unterricht betrachtet werden, sondern sind in die bewusste Gestaltung des Unterrichts mit aufzunehmen.

Stärker noch als im inhaltlichen Bereich sind die Ziel-
vorstellungen für den Erziehungsauftrag des Unterrichts
dem historischen Wandel unterworfen. So markierten in
der wilhelminischen Ära Begriffe wie Disziplin und
Schulzucht einen klaren und aus heutiger Sicht recht auto-
ritären Erziehungsauftrag. Die Schule sollte – wie die Familie auch – zur Ehrfurcht vor Thron und Altar, vor welt-
licher und geistlicher Obrigkeit erziehen. Lehrer waren
Respektspersonen, die Schulordnung sah die grundsätzliche Unterwerfung der Schüler unter das Regiment der
Lehrer (sowie die Unterordnung der Lehrer unter das
Regiment ihrer Vorgesetzten) vor. Strenge, Sachlichkeit,

Distanz, Autorität, Disziplin und Gehorsam bestimmten den Umgang zwischen Lehrern und Schülern; Körperstrafen waren nicht selten. Dies waren – wohlgemerkt – keine Abweichungen von der offiziell geforderten pädagogischen Linie, sondern bewusst zum Teil stolz dokumentiertes Selbstverständnis der Schulen und ihrer Lehrer. Die Unterrichtskultur in den Klassenräumen war denn auch dementsprechend. Die heute unvorstellbar hohe Zahl der Schüler pro (Volksschul-)Klasse führte automatisch zu einer starken Vereinheitlichung, ja fast schon militärischen Handhabung des Unterrichts. Der Kommando-Ton des Lehrers entsprach einer Kultur, die über weite Strecken militarisiert war und in den Kategorien von Befehl und Gehorsam dachte. Insofern kann man sich vorstellen, dass reformpädagogische Ideen über »kindgemäßes Lernen« und »Schulgemeinschaft«, über die liebevolle Hinwendung des Erziehers zum Zögling im »pädagogischen Bezug« etc. nach dem Ersten Weltkrieg nur sehr allmählich und in aller Regel stark abgemildert in die Schulen sowie in die Lehrerschaft eindringen und die tradierten Unterrichtsgewohnheiten verändern konnten. Einen grundsätzlichen Anstoß für eine Veränderung des Erziehungsauftrags im Unterricht brachte – ähnlich wie bei den inhaltsbezogenen Modellen (Curriculumreform) – die *Bildungsreformära* von 1965 bis 1975 mit sich. Aufgrund eines gesellschaftspolitischen und kulturellen Wandels des Erziehungsideals wurden Mündigkeit, Selbstständigkeit, Autonomie und Solidarität Zielformeln der offiziellen Staatsschulpädagogik. Didaktik und Curriculumforschung sahen sich mit dem Vorwurf konfrontiert, lediglich die Ebene des *offiziellen Lehrplans* zu behandeln, die Ebene des *heimlichen Lehrplans,* d. h. der faktischen Wirkungen der Schule aber weiterhin zu ignorieren bzw. dem »natürlichen« Lauf der Dinge zu überantworten.

Vor allem durch empirische Untersuchungen über den Zusammenhang von Unterrichtsstil und sozialen Lernerfahrungen der Schüler, über die verzerrenden Wirkungen von Erwartungen und Vorurteilen der Lehrer beim Umgang mit den Schülern und bei der Bewertung ihrer Leistungen, über die durch Sprach- und andere Rituale manifestierte Interaktionsdominanz des Lehrers im Unterricht, über die »Lehrerzentriertheit« unterrichtlicher Kommunikation generell und die geringen Möglichkeiten von Schülern, ihre speziellen Bedürfnisse und Weltansichten in den Unterricht einzubringen, wurde deutlich: Entgegen den hohen Erziehungszielen und Bildungsansprüchen des offiziellen Lehrplans schienen noch immer Einordnung, Anpassung, strategisches Verhalten und geschicktes Taktieren, Konkurrenz um gute Noten, Unterdrückung von Eigeninteressen etc. die wichtigsten Erziehungserfahrungen als Konsequenz der Teilhabe an Unterrichtsprozessen zu sein.

Unterricht »erzog« tatsächlich – nur eben in einem Sinn, der durch den offiziellen Bildungsauftrag nicht gedeckt war oder ihm sogar entgegenstand. Unterricht schien von Grund auf »gestörte Kommunikation« zu sein; seine Routinen und Rituale, ja schließlich die gesamte Inszenierung der Schule schienen den biographisch notwendigen Aufbau von Persönlichkeit und Identität bei den Heranwachsenden zu behindern.

Die Reaktion auf diese breite und empirisch gut fundierte Unterrichtskritik war auf der Ebene der Theorie ein deutlicher Wechsel von der Lehrer- auf die Schülerperspektive, die ihren begrifflichen Ausdruck in der Rede vom schülerorientierten bzw. *schülerzentrierten Unterricht* fand. Stärkere Schülerbeteiligung im Unterricht, nicht-vorschreibende Formen der Unterrichtsplanung, eine Intensivierung gruppenbezogenen Lehrens und Lernens, ein bewusstes Bemühen um die Einübung in symmetrische und solidarische Formen des Miteinanderumgehens zwischen Lehrern und Schülern, aber auch innerhalb der Schülerschaft stellten für diesen didaktischen Denk-

ansatz den Kern der Bemühungen um die pädagogische
Gestaltung des *sozialen Lernens* im Unterricht dar. Die
Inhalts- bzw. Wissensdimension von Unterricht wurde
dadurch natürlich nicht unwichtig, trat jedoch in ihrer do-
minierenden Rolle zurück. Zielperspektive bildete ein
ganzheitliches, *integratives* Verhältnis von schulischem
Lernen, welches im Idealfall sämtliche Dimensionen und
Qualitäten des Lern- und Entwicklungsprozesses der
Schüler zu fördern in der Lage sein sollte.

Vergleicht man die heutigen Formen des Miteinander-
Umgehens in Schule und Unterricht mit den etwa in den
frühen 1960er Jahren üblichen, so kann sicherlich von einem bemerkenswerten Wandel gesprochen werden. Das
sollte aber nicht zu der Annahme verleiten, die oben skizzierten didaktischen Programme hätten ihn bewirkt: Sie
waren selbst vielmehr nur – zugegeben verstärkende –
Elemente in diesem Wandlungsprozess, als dessen tiefere
Ursachen ein genereller gesellschaftlich-kultureller Trend
zur Außerkraftsetzung und je individuellen Handhabung
ehemals starrer Verhaltensregeln sowie ein damit einher-
gehender Wandel des Erziehungsverständnisses anzusehen
sind.

Noch immer bleibt aber die grundsätzliche Skepsis erhalten, inwieweit es im Rahmen von Schule und durch
Unterricht gelingen kann, tatsächlich und im positiven
Sinn zu erziehen – oder, ob im Unterricht realistischer-
weise nicht doch »nur« unterrichtet werden sollte, weil
dort eben nur unterrichtet werden kann. Über weite Strecken ist die Diskussion um die Möglichkeiten und Grenzen *erziehenden Unterrichts* in der heutigen Schule sicherlich abhängig von den jeweils verwendeten Definitionen
von »Unterricht« und »Erziehung« und insofern zunächst
einmal ein Streit um Worte, wobei allerdings an die je unterschiedliche Fassung der Begriffe Unterricht und Erziehung immer schon unterschiedliche Vorstellungen über
den Zweck, die Möglichkeiten und die Grenzen von schu-

lisch organisiertem Lehren und Lernen geknüpft sind. Unbestreitbar ist jedoch, dass die Teilnahme an Unterrichtsprozessen für Lehrer wie Schüler persönlichkeitsprägende Wirkungen hat. Auseinandersetzen kann man sich allerdings darüber, inwieweit durch Unterricht hierauf bewusst Einfluss genommen werden muss, kann und darf. In dieser Debatte spielen jedoch nicht nur pädagogische, sondern auch schulorganisatorische sowie schließlich auch schul- und verfassungsrechtliche Probleme eine Rolle; ebenso ist das Berufsverständnis der Lehrerschaft wie auch das Erziehungsrecht der Eltern zentral berührt sowie generell die Art und Lage der Grenze zwischen privater und öffentlicher Sphäre im Erziehungs- und Sozialisationsprozess.

Ob mit der gezielten Ausweitung des Arbeitsbereichs der Lehrer von der Inhalts- auf die Beziehungsebene, mit dem plötzlich auftretenden »persönlichen Ton« der Lehrer tatsächlich eine Verbesserung und Humanisierung der Unterrichts- und Schulkultur erreicht werden kann oder darin ganz im Gegenteil eine problematische Ausweitung des institutionellen Zugriffs der Schule auf den Schüler als »ganzen Menschen« liegt, kann abschließend zwar als Frage formuliert, aber nicht ausführlich erörtert werden.

Während die Aufmerksamkeit für die erzieherischen Aufgaben und Wirkungen von Unterricht eine allein am Ziel der Wissensvermittlung orientierte Aufgabenbeschreibung umakzentuiert bzw. erweitert, geht der im Folgenden zu erläuternde Ansatzpunkt für unterrichtsbezogenes Denken in gewisser Hinsicht noch darüber hinaus, indem er die Grenze zwischen Unterricht und Nicht-Unterricht, Schule und Leben als Ausgangspunkt wählt.

2.2.4 Die Grenzen:
Von der Unterrichtsanstalt zur Offenen Schule

Der vierte und letzte Ansatzpunkt für unterrichtsbezogenes Denken thematisiert das Verhältnis vom unterrichtlichen zum außerunterrichtlichen Erfahrungsraum der Kinder und Jugendlichen. Weiter oben ist bei der Erläuterung der systematischen Implikationen des Begriffs »Unterricht« darauf hingewiesen worden, dass die Herauslösung des Lehrens und Lernens aus dem »natürlichen«, von den Zufällen der Herkunft und des Lebenslaufs abhängigen Erfahrungsstrom der Kinder und Jugendlichen zu den elementaren Kennzeichen von Unterricht gehört. Gerade die *Distanz* zur natürlichen Lernumgebung ermöglicht es, die (motorische, kognitive, soziale, moralische und ästhetische) Erfahrungsbildung der Heranwachsenden an universellen (statt an zufälligen und/oder sozialräumlich-kulturell begrenzten) Standards zu orientieren und damit auch eine kritische Reflexion auf gegebene Erfahrungszusammenhänge zu vollziehen. Insofern ist die Herauslösung der Schule aus dem Leben geradezu die Voraussetzung dafür, dass es zu einer nicht nur bestätigenden, affirmativen Begegnung von Heranwachsenden und der gegebenen Kultur kommt, sondern hierbei auch eine Kritik und Erneuerung kultureller Muster möglich wird. So gesehen ist Unterricht also notwendig und mit gutem Recht »künstlich«.

Die Ausbalancierung des Verhältnisses von innerschulischer und außerschulischer Erfahrungsbildung, die Ausgestaltung des Grenzverkehrs zwischen Schule und Leben also, ist eines der Grundprobleme des Unterrichts und zugleich immer bedroht. Sie kann in zwei Richtungen abgleiten: zum einen in eine Situation, in der Schule und Leben allzu weit voneinander entfernt sind, so dass der Wert des schulischen Lernens für das Leben den Schülern sowie schließlich der gesamten Öffentlichkeit nicht mehr klar ist und die Schule und mit ihr der Unterricht sich also gleichsam kulturell »eingekapselt« haben. Die entgegengesetzte Fehlentwicklung ist darin zu sehen, dass die erwähnte Distanz zu gering wird, die Unmittelbarkeit der jeweiligen Lebensverhältnisse nicht mehr überschritten werden kann und schließlich Leben und Schule (wieder) identisch werden – wodurch schulisches Lehren und Lernen im allgemeinen Erfahrungsprozess »verschwinden«.

Kulturelle »Abkapselung« einerseits, allmähliches »Aufgehen« in der umgebenden Kultur andererseits stellen sicherlich extreme Endpunkte von Fehlentwicklungen dar, die die pädagogische Legitimität wie auch die kulturelle Bedeutsamkeit von Unterricht in jeweils entgegengesetzter Weise gefährden. Aufgrund seiner institutionellen Rahmung und Überformung wird von vielen Unterrichts- und Schulkritikern die Gefahr der Abkapselung viel eher gesehen als die des Aufgehens. Insofern ist das dauerhafte Bestreben zur Öffnung der Grenzen zwischen Unterricht und Nicht-Unterricht in gewisser Hinsicht die Antwort der Schulpädagogen auf die Verkünstlichung von Lehren und Lernen durch Unterricht, die immer auch als eine Art Erbsünde wahrgenommen wird. Insofern werden vielfältige Anstrengungen unternommen, die Schule für das Leben zu öffnen, sprich: den außerschulischen und innerschulischen Erfahrungsraum der Heranwachsenden stärker aufeinander zu beziehen, auf Veränderungen in den außerschulischen Lebensbedingungen von Kindern und Jugendlichen auch innerschulisch angemessen zu reagieren, die Lernanlässe der umgebenden außerschulischen Realität in die Schule wie umgekehrt auch die Möglichkeiten der Schule in den sozialen Nahraum einzubringen.

Angesichts der grundsätzlich gewandelten Situation und Bedeutung der Schule und des Unterrichts innerhalb der Lebenswelt und Lebensplanung von Kindern und Jugendlichen heute steht die tradierte Unterrichtskultur in

der Tat vor neuen Herausforderungen. Die Vorschläge, die
bisher dazu gemacht worden sind, um diesen Herausforderungen zu begegnen, weisen hauptsächlich in die folgende Richtung:

- Veränderung der schulischen Lehr-Lern-Kultur mit dem
  Ziel, den Sinnbezug und die Sinnhaftigkeit des Lernens
  für Schüler erfahrbar zu machen,
- Zurücknahme der starken Intellektualisierung des Un-
  terrichts und Verstärkung ganzheitlichen, *praktischen
  Lernens* mit »Kopf, Herz und Hand«,
- Bereitstellung von Möglichkeiten, auch innerhalb der
  Schule den lebensphasenspezifischen Wünschen nach
  Selbstinszenierung nachzugehen,
- erweiterte Möglichkeiten einer selbstbestimmten Zu-
  sammenstellung des Lehrplans im Verlauf der individu-
  ellen Bildungsbiographie,
- Bereitstellung von Möglichkeiten zur Entstehung von
  Gemeinschaftlichkeit als Korrektiv und/oder Kompen-
  sation von Vereinzelungserfahrungen,
- Intensivierung des schulischen Angebots im lebensbe-
  gleitenden und beratenden Bereich mit dem Ziel einer
  Sozialpädagogisierung der Schule.

Im Kern zielen diese Vorschläge darauf ab, den Charakter der Schule als einer vom »Leben selbst« getrennten
Unterrichtsanstalt, in dem die Einzelnen sich einem stan-
dardisierten Pflichtenprogramm zu unterwerfen haben
und in der Berechtigungen für realistische Berufszugänge
nach Leistung vergeben werden, in Richtung auf eine *Begegnungsstätte* zu verändern. Diese Begegnungsstätte soll
sich harmonisch in den Entwicklungsprozess von Kindern
und Jugendlichen einordnen, *die Grenze zwischen Unterricht und Nicht-Unterricht durchlässig machen* und letztlich auf vergleichende Zensurierung, auf Selektion und die
Vergabe von Berechtigungen verzichten.

In kritischer Absetzung zu dieser (Haupt-)Linie des didaktischen Denkens formuliert eine sehr viel kleinere und skeptischere Fraktion die entgegengesetzte Position:

- Schule und Unterricht sind aufgrund ihrer institutionellen Form nicht dazu geeignet, über die Funktion der Wissensvermittlung und Zertifizierung hinaus gesellschaftlich und kulturell bedingte Sozialisationsprobleme zu bearbeiten.
- Wo dies der Schule zugemutet werde, geschehe es unausweichlich in didaktisierter, von der Schul- und Unterrichtskritik doch gerade heftig attackierter Form.
- Die Tendenz zur Sozialpädagogisierung der Schule und das Konzept einer Cafeteria-Struktur des schulischen Angebots werden von einem solchen Denken nicht als Ausweg, sondern umgekehrt als eine der Ursachen für die gegenwärtige Funktions- und Akzeptanzkrise der Schule und des Unterrichts bewertet.
- Konsequenterweise sehen die Vertreter dieses Ansatzes einen Ausweg aus der Krise der Schule in der Konzentration auf das, was sie kann: Wissensvermittlung, Lehrer als Lernhelfer, begründete Selektion nach Leistung, berufsbedeutsame Zertifizierung.

Damit sind zwei grundsätzlich alternative Möglichkeiten der Neudefinition der Grenze zwischen Unterricht und Nicht-Unterricht, Schule und Leben skizziert. Vermutlich wird über diese Alternativen jedoch nicht wirklich erfolgreich entschieden – und schon gar nicht von Seiten der pädagogischen Theorie. Wahrscheinlicher ist vielmehr, dass aufgrund der Eigendynamik der Bildungsentwicklung sowie der jetzt schon zunehmenden Differenzierung, Pluralisierung und Privatisierung der Schullandschaft beide Formen sowie auch Mischformen nebeneinander bestehen werden, und dass von den Eltern bzw. von den Heranwachsenden je nach Interesse und Möglichkeit selbst entschieden werden kann bzw. muss, welchen Formen der Beschulung und Unterrichtung sie ihre Kinder bzw. sich selbst aussetzen wollen.

Abschließend seien drei Hinweise für die weitere Beschäftigung mit dem Thema Unterricht gegeben:

• Diese vier Ansatzpunkte didaktischen Denkens – von den Inhalten, vom Lernen, von der Erziehungsaufgabe und von der Institution ausgehend – sind erstens nicht identisch mit den derzeit vertretenen und in Lehrbüchern dokumentierten Theorien der Allgemeinen Didaktik, die im nächsten Abschnitt angesprochen werden. Sie markieren vielmehr – dem vorausliegend – vier elementare Startpunkte für ein Nachdenken über Lehren, Lernen und Unterricht; dies gilt sowohl für das praxisorientierte Nachdenken eines Lehrers über sein Arbeitsfeld als auch für wissenschaftliche Theorien, die sich mit dem Phänomen Unterricht beschäftigen.

• Zweitens ist zu berücksichtigen, dass bei allen »praktischen« wie »theoretischen« Aussagen über Unterricht, auch wenn sie sich noch so eng auf ein begrenztes Phänomen oder z. B. auf die Ausarbeitung nur eines der vier genannten Ansatzpunkte beschränken, stillschweigend immer auch Annahmen über die jeweils nicht gesondert und ausführlich behandelten anderen Bereiche mittransportiert werden, deren man sich bei einer kritischen Durcharbeitung von didaktischen Argumentationen vergewissern sollte.

• Drittens schließlich ist es für unterrichtsbezogene Aussagen und Argumentationen kennzeichnend, dass in ihnen immer eine Mischung von normativen bzw. normierenden Elementen einerseits und beschreibenden Elementen andererseits anzutreffen ist, die nicht selten unauflösbar miteinander verwoben sind, aber zum Zweck der kritischen Sichtung und genaueren Analyse möglichst weitgehend klargelegt werden sollten – und sei es nur, um sich die rhetorische Funktion und Qualität einer derart gemischten Argumentation vor Augen führen zu können.

3. Modelle der Allgemeinen Didaktik

3.1 Metaphern, Modelle, Theorien

Über den Gegenstandsbereich der Didaktik, also über Lehren und Lernen in unterschiedlichen Kontexten, existieren sehr unterschiedliche Wissensformen. Da aufgrund der Schulpflicht alle Menschen in modernen Gesellschaften jahrelang mit Unterricht Erfahrungen haben, existiert z. B. ein breites und vielfältiges Alltagswissen über Unterricht und wie es dort zugeht. Dieses Alltagswissen wird einerseits von vielen Menschen geteilt, ist zu einem großen Teil also allgemein. Hinzu kommen aber auch je individuelle Vorstellungen.

Was lässt sich über das Verhältnis zwischen dem Alltagswissen der Menschen über Unterricht, Lehren und Lernen etc. einerseits und dem wissenschaftlichen Wissen der Didaktiker und Unterrichtswissenschaftler andererseits sagen? Ist dieses Verhältnis zwischen Alltags- und Wissenschaftswissen in der Erziehungswissenschaft anders als z. B. in der Medizin oder in den Naturwissenschaften? Diese einfachen Fragen führen, wenn man sie konsequent weiter denkt, zu sehr grundsätzlichen Überlegungen über die spezielle Eigenart des Wissens in wissenschaftlichen *Disziplinen* sowie deren Beziehung sowohl zu darauf basierenden, mehr oder weniger wissenschaftsfundierten *Berufen* als auch zum Alltagswissen der *Laien*. Es geht um die Erkenntnismethoden, -chancen und -grenzen von Wissenschaft. Zur Vorbereitung auf die folgende Übersicht über traditionelle und neuere didaktische Theorien und Modelle sollen im Folgenden hierzu einige Hinweise gegeben werden.

(1) *Alltagswissen:* Das zentrale Kennzeichen von Alltagswissen über Unterricht ist seine Entstehung aus sozialen Kontexten heraus. Kindergartenkinder erfahren etwas über Schule und Unterricht von älteren Geschwistern oder von Erwachsenen. Sie gehen mit einem bestimmten Hintergrund in die Schule, und aufgrund bestimmter Erfahrungen und des Austauschs darüber differenziert sich dieses Alltagswissen im Kontext von Schule und Unterricht weiter aus. In den ersten Monaten sind Grundschüler noch etwas unsicher, wie es in der Schule und im Klassenzimmer zugeht; im Laufe der Schuljahre gewinnen sie aber Sicherheit, und spätestens in der Oberstufe sind sie Profi-Schüler, die sich häufig sehr geschickt die formellen und informellen Regeln der Schule und des Unterrichts zunutze machen können. Ebenso kommen nach der Ausbildung junge Lehrerinnen und Lehrer mit dem Ausbildungswissen, aber zugleich auch mit dem aus ihrer eigenen Schulzeit resultierenden Alltagswissen über die Schule in ihren Beruf. Sie müssen eine neue Rolle übernehmen, und faktisch entwickeln sie ihre beruflichen Fähigkeiten sowohl auf der Grundlage des Ausbildungswissens – vor allem in ihren Fächern – aber ebenso auch auf der Basis ihres persönlichen Alltagswissens, das sie nunmehr neu umstellen auf die Notwendigkeiten des Lehrerberufs. Das persönliche *Berufswissen* von Lehrern im pädagogisch-didaktischen Bereich ist zwar beeinflusst vom Ausbildungswissen in Didaktik und Methodik – aber gleichwohl sehr stark persönlich geprägt. Anders: Die unausgesprochenen und ausgesprochenen Regeln und Routinen eines Lehrers sind *»personal knowledge«*, also erfahrungsfundiertes Wissen über das, was im eigenen Unterricht geht – und was nicht geht.

(2) *Metaphern*: Eine gewisse Verdichtung erfährt das Alltagswissen in Form von Metaphern. Metaphern sind

Bilder, die wir benutzen, um einen Sachverhalt zu verdeutlichen. Der Kern der Metapher besteht immer aus einer Übertragung eines für einen bestimmten Bereich durchaus üblichen Denkens auf einen anderen Bereich, auf den dieses Denken üblicherweise nicht angewendet wird: »Diese Frau singt wie eine Lerche!«; »Unter Ihrer Führung ist das Staatsschiff mächtig ins Schlingern geraten!«. Kein Mensch kann wie eine Lerche singen; ein Staat ist kein Schiff und kann demzufolge nicht wirklich schlingern. Trotzdem verstehen wir sofort, was gemeint ist. Die gewählten Beispiele sind nun sehr üblich und allgemein bekannt – interessanter sind solche Fälle, in denen Bilder in ungewohnter Weise auf neuartige Dinge übertragen werden, so dass auch neuartige, eigenwillige Einsichten entstehen.

Wenn eine Grundschullehrerin aufseufzt »Es ist leichter, einen Sack Flöhe zu hüten, als diese Klasse zu unterrichten«, so verwendet sie eine Metapher, die verdeutlichen soll, dass ihre Klasse aus sehr quirligen Kindern besteht, die alle in verschiedene Richtungen streben. Im Grunde ist es sogar eine Doppelmetapher, denn es ist (a) von Flöhen und (b) von einem Hüten dieser Flöhe die Rede. Aber Flöhe kann man nicht hüten wie Schafe – und Schüler sind weder Flöhe noch Schafe. Was aber könnte in besagter Wendung der Ausdruck »Sack Flöhe« beinhalten? Man muss schon davon ausgehen, dass die Flöhe aus dem Sack herausgeflogen sind, denn ansonsten bräuchte man sie nicht zu hüten. Sind sie einmal heraus, kann man sie – wie gesagt – überhaupt nicht hüten. Die Verwendung der Metapher des »Flöhe-Hütens« durch die Lehrerin macht deutlich, dass es sich um eine Aufgabe handelt, die man eigentlich gar nicht bewältigen kann. Trotzdem weiß sie und der Zuhörer, dass es jeden Morgen natürlich irgendwie gehen muss – und auch geht.

Ein anderes Beispiel: »Diese Klasse ist zäh wie Kaugummi!« – Auch diese Metapher bezieht sich auf die

Mühsal des Unterrichtens, wobei wie in dem ersten Beispiel die Ursache bei den Schülern gesehen wird. Das Bild vom Kaugummi lässt die individuellen Schüler einer Klasse zu einer klebrigen Masse zusammenschmelzen, die dann (a) nichts Menschliches mehr hat, (b) nur widerständig ist, und zwar (c) passiv widerständig. Die Metapher macht zugleich deutlich, dass *jeder* Lehrer an dieser zähen Masse scheitern muss. Die Verwendung des Bildes vom zähen Kaugummi hat insofern sicherlich auch eine Entlastungsfunktion (zu Metaphern und Metapherngebrauch beim Sprechen über Lehren und Lernen vgl. Gropengießer 2004).

(3) *Modelle:* Im wissenschaftlichen Kontext verwendet man den Modellbegriff in einem normativen und in einem analytischen Sinn. In einem *normativen* Sinn bedeutet Modell ein Vorbild, ein ideales Muster oder Beispiel, an dem sich andere orientieren sollten und können (vgl. »Modellathlet«). So ist z. B. eine Modellschule eine Schule, die sich in positiver Weise von den gewöhnlichen Schulen (Regelschulen) abhebt. In einem *analytischen* Sinn versteht man unter einem Modell eine vereinfachende, meistens graphische Darstellung von komplexen Sachverhalten und Zusammenhängen. Die Vereinfachung ist dabei bewusst gewählt, um zentrale Aspekte des komplexen Sachverhalts hervorzuheben, an denen man gerade besonders interessiert ist. Andere Aspekte sind dann nicht von Interesse und bleiben ungenannt oder unberücksichtigt. Ein solches Modell ist dann nicht »wahr« in einem anspruchsvollen, gleich noch erläuterten Sinn. Es ist für den bestimmten Zweck aber nützlich und man kann mit ihm arbeiten. So ist z. B. der Plan für die elektrischen Leitungen eines Hauses ein solches Modell: Der Plan zeigt dem Installateur die entscheidenden Zusammenhänge, er ist aber schematisch reduziert und verkürzt. Er beinhaltet z. B. nicht den tatsächlichen Verlauf der einzelnen Leitungen oder die Farbe der Schalter, und er macht ebenso nicht

den Lichteindruck deutlich, den die Bewohner des Hauses später haben werden.

So gesehen handelt es sich bei Modellen um zweckbezogene Verkürzungen und Schematisierungen komplexer Zusammenhänge, die keinen absoluten Wahrheitsanspruch erheben, sondern sich im konkreten Tun, also bei der Umsetzung des Zwecks, für den sie geschaffen wurden, bewähren müssen. Bewähren sie sich nicht, muss man das Modell ändern; verfolgt man ein anderes Interesse, muss man vermutlich ein ganz anderes Modell konstruieren.

(4) *Theorien:* Einem klassischen Verständnis zufolge ist eine Theorie ein System von möglichst allgemein gültigen, gesetzesförmig gehaltenen Aussagen (Sätzen), wobei die Aussagen untereinander widerspruchsfrei sein müssen und jede dieser Aussagen sich in definierter, überprüfbarer Weise auf empirische Tatsachen stützen muss. Eine solche Theorie stellt Erklärungen über Abläufe und Zusammenhänge zu einem Sachverhalt bereit, sie kann auch zeigen, was geschieht, wenn man zweckgerichtet in den Sachverhalt eingreift. Ebenso kann man sich auf der Basis einer solchen Theorie die erkannten Gesetzmäßigkeiten für bestimmte Zwecke zu Nutze machen (Technik). Diese Vorstellung von Theorie ist ursprünglich im Bereich der Naturwissenschaften entwickelt worden, hat aber schließlich beansprucht, für alle Wissenschaften das einzig richtige Erkenntnisideal zu formulieren.

Ein solches Erkenntnisideal gilt heute jedoch auch für die Naturwissenschaften als reichlich utopisch, und auf die Geistes-, Sozial- und Humanwissenschaften hat es nie wirklich gepasst. Der Erkenntnisanspruch von Wissenschaft ist heute viel zurückhaltender geworden; der Anspruch auf »Wahrheit« (im Sinne von logischer Kohärenz *und* empirischer Fundierung) wurde deutlich zurückgenommen. An seine Stelle ist eine gemäßigt konstruktivistische und deutlich pragmatische Auffassung von wissenschaftlicher Erkenntnis getreten, die man folgendermaßen beschreiben kann: Wissenschaftliche Aussagen sind Konstruktionen, mit denen wir arbeiten, solange sie sich für unsere Zwecke bewähren. Die »Wahrheit« von Aussagen ist nicht an sich und losgelöst von zugrunde liegenden Problemen, Kontexten, Fragestellungen, Interessen, konkreten Erprobungen etc. zu bestimmen. Wahrheit erweist sich insofern im kontinuierlichen Abgleich zwischen unseren Konstruktionen über die Welt einerseits mit den Widrigkeiten der Welt andererseits, in denen wir uns Zwecke verfolgend und Probleme lösend zu bewegen haben. So gesehen verbleibt auch die am höchsten spezialisierte Erkenntnisbewegung von Menschen – wissenschaftliche Erkenntnis – am Ende grundsätzlich im Status von immer vorläufigen Modellen, auf deren Basis wir arbeiten, solange sie uns dienlich sind.

Vor diesem Hintergrund sind alle im Folgenden beschriebenen allgemein-didaktischen Positionen eigentlich *Modelle*. Sie basieren jeweils auf einer bestimmten Herangehensweise an den Gegenstandsbereich Unterricht bzw. Lehren und Lernen, die

* von vornherein eine bestimmte Perspektive aufweist,
* einige Dinge sehr stark herausstellt – andere unbeachtet lässt,
* von ausgesprochenen und unausgesprochenen Interessen geleitet ist,
* eine bestimmte, modellimmanente Denk- und Handlungstendenz nahelegt, und
* in unterschiedlichem Maße offen ist für Weiterentwicklungen, z. B. für Argumente aus anderen Modellen, für grundlegende Änderungen im Kontext oder im Gegenstandsbereich.

Solche Überlegungen zu den Voraussetzungen und Formen von wissenschaftlicher Erkenntnisbildung werden üblicherweise der Ebene der Wissenschaftstheorie zugerechnet: Auf dieser Ebene geht es darum, in theoretischer Form zu erklären, wie Theoriearbeit auf der Ebene der einzelnen Wissenschaften gehen kann bzw. verlaufen sollte; deshalb spricht man auch von *Meta-Theorie* (= Theorie über Theorien). Dies mag vielleicht als ein abgehobenes wissenschaftliches Selbstbespiegeln erscheinen – lässt man sich jedoch auf den wissenschaftlichen Denkzusammenhang ein, ist diese Form der Selbstreflexion von Wissenschaft (Was tun wir eigentlich, wenn wir Wissenschaft betreiben?) aber letztlich konsequent, ja unausweichlich. Man sollte allerdings über solche meta-theoretische Reflexionen nicht die einzelwissenschaftliche Forschung selbst vergessen, die ja die eigentliche Substanz von Wissenschaft ausmacht (zum Kontinuum von Metaphern, Modellen, Theorien und Metatheorien in Didaktik und Unterrichtsforschung vgl. Snow 1973).

3.2 Traditionelle Modelle

Innerhalb der Wissenschaften gehört die Allgemeine Didaktik zur Erziehungswissenschaft, und innerhalb dieser Disziplin bildet sie einen zentralen Bereich der Schulpädagogik. Die Allgemeine Didaktik befasst sich mit Fragen des Lehrens und Lernens auf allen Stufen des Bildungssystems und in allen inhaltlichen Lernbereichen. Erst dieses weite Verständnis begründet die Bezeichnung *Allgemeine* Didaktik. Wichtig ist vielleicht auch noch, dass es der Allgemeinen Didaktik grundsätzlich nicht nur um Fragen des *Lehrens*, des Arrangierens von Lernbedingungen, um Fragen des Curriculums und des Lehrerhandelns geht – alles Voraussetzungen für das Lernen der Schüler –, sondern um *Lehren und Lernen*. Denn der Zweck des didaktischen Bemühens ist natürlich das Lernen der Schüler, ist letztlich der längerfristig wirkende Lern- und Entwicklungsprozess der Schüler. Neben dem Bezug auf das Lernen der Schüler ist der Bezug auf die Inhalte, auf dasjenige also: *was* Schüler lernen sollen – und warum, ein ebenso wichtiges Element Allgemeiner Didaktik.

Gegenwärtig lassen sich unterschiedliche Theoriefamilien – man könnte auch Ansätze sagen – innerhalb der Allgemeinen Didaktik identifizieren. Bei der Einteilung der Theoriefamilien (vgl. zu diesem Begriff auch Morine-Dersheimer 2001, die sich jedoch weniger auf inhaltliche Gemeinsamkeiten als vielmehr auf die personalen Beziehungen in verschiedenen Gruppen amerikanischer Unterrichtsforscher bezieht) oder Ansätze unterscheide ich zwischen älteren, traditionellen und neueren, aktuellen Varianten. Vorab sei darauf hingewiesen, dass zur Ergänzung der folgenden Darstellung auf die entsprechenden Kapitel in einem der eingeführten Lehrbücher zur Allgemeinen Didaktik (vgl. zum Beispiel Jank/Meyer 2005; Peterßen 2001; Kron 2000) zurückgegriffen werden sollte. In keinem Fall aber sollte auf die Beschäftigung mit den *Originalschriften* der Vertreter der verschiedenen didaktischen Modelle verzichtet werden.

3.2.1 Bildungstheoretische Didaktik

Bildungstheoretische Ansätze verstehen Unterricht als Prozess der bildenden Begegnung zwischen ausgewählten geeigneten Bildungsgütern und der nachwachsenden Generation. Materiale Bildungstheorien, bei denen Gebildetheit durch das Verfügen über Wissensinhalte definiert wird, und formale Bildungstheorien, die demgegenüber auf die Entwicklung der Anlagen, Kräfte und Potentiale der Schüler abzielen, sind je für sich problematische Vereinseitigungen; im Konzept der kategorialen Bildung werden formale und materiale Seite zusammen gedacht. Für den Lehrer steht die Auswahl, Anordnung und Explikation der Inhalte des Unterrichts – in Abstimmung zu den

mitgebrachten Voraussetzungen der Schüler – im Mittelpunkt, wobei dem Nachvollzug von vorgängigen Lehr-
planentscheidungen eine große Bedeutung zukommt. Methodenfragen, also: Fragen der konkreten Sequenzierung,
der medialen Unterstützung etc. des Lernens im Unterricht wie auch Fragen der Überprüfung des Lernerfolgs
sind demgegenüber nachgeordnet. Es geht um die Anbah-
nung von *Bildung durch Begegnung der jungen Menschen
mit Kultur.* Noch immer machen die Fragen der Didaktischen Analyse als Kern der Unterrichtsvorbereitung eines
(angehenden) Lehrers sehr gut deutlich, worum es der bildungstheoretischen Didaktik geht und welches Verständnis von Unterricht sie hat (Klafki 1963/1975, S. 135 ff.):

1. *Welchen größeren bzw. welchen allgemeinen Sinn- oder
   Sachzusammenhang vertritt und erschließt dieser Inhalt? Welches Urphänomen oder Grundprinzip, welches
   Gesetz, Kriterium, Problem, welche Methode, Technik
   oder Haltung lässt sich in der Auseinandersetzung mit
   ihm ›exemplarisch‹ erfassen?*
2. *Welche Bedeutung hat der betreffende Inhalt bzw. die
   an diesem Thema zu gewinnende Erfahrung, Erkenntnis, Fähigkeit oder Fertigkeit bereits im geistigen Leben
   der Kinder meiner Klasse, welche Bedeutung sollte er –
   vom pädagogischen Gesichtspunkt aus gesehen – darin
   haben?*
3. *Worin liegt die Bedeutung des Themas für die Zukunft
   der Kinder?*
4. *Welches ist die Struktur des (durch die Fragen 1–3 in die
   spezifisch pädagogische Sicht gerückten) Inhalts?*
5. *Welches sind die besonderen Fälle, Phänomene, Situationen, Versuche, Personen, Ereignisse, Formelemente, in
   oder an denen die Struktur des jeweiligen Inhaltes den
   Kindern dieser Bildungsstufe, dieser Klasse interessant,
   fragwürdig, zugänglich, begreiflich, ›anschaulich‹ werden‹ kann?*

Damit ist bildendes Unterrichten eine moralisch-prakti-
sche Kunst des Lehrers, die der Einbettung in einen bestimmten Wissen(schaft)stypus bedarf. Wissenschaftstheoretisch gesehen ist bildungstheoretische Didaktik denn
auch der *geisteswissenschaftlichen Pädagogik* zuzurechnen.
Man erkennt: Aus einem sozial-, kultur- und erziehungs*philosophischen* Blickwinkel betrachtet ist die bildungstheoretische Didaktik sicherlich die anspruchsvollste und aussagekräftigste. In ihrer aktuellen Variante strebt
bildungstheoretische Didaktik als übergeordnetes Ziel des
Unterrichts die Ermöglichung von Selbstbestimmungs-,
Mitbestimmungs- und Solidaritätsfähigkeit an; als leitende
Prinzipien für die Themenauswahl und Strukturierung
werden weniger die Fächer- bzw. Fachstruktur, sondern
grundlegende epochaltypische Schlüsselprobleme des gesellschaftlichen Zusammenlebens betrachtet. Der zentrale
Vertreter der bildungstheoretischen Didaktik ist Wolfgang
Klafki (geb. 1927; Klafki 1957, 1963, 1996; eine aktuelle
Kommentierung der Position und Entwicklung Klafkis
vgl. Meyer/Meyer 2007).
Der bildungstheoretische Ansatz hat sich insgesamt als
sehr lernfähig und flexibel erwiesen; durch kontinuier-
liches Weiterschreiben der theoretischen (Konzept der
Allgemeinen Bildung) wie der operativen Teile (Unterrichtsplanung; s. Abb. 2) sind ständige Aktualisierungen
vorgenommen worden. So wurden etwa Elemente der
Lernpsychologie, der Interaktionsforschung, der Curriculumforschung und – in Gestalt der »Schlüsselprobleme«
– Motive aus den (mittlerweile alt gewordenen) neuen sozialen Bewegungen der 1980er Jahre integriert. Die Stärke
dieses Ansatzes liegt nach wie vor in seiner *grundlegenden
Option für Bildung als zentrierende und orientierende Ka-
tegorie*. Dadurch wird nicht nur eine Sinnstiftung für Unterricht generell möglich; über den Bildungsbegriff wird
Unterricht sowohl mit der Entwicklung des Einzelnen
wie mit der Weiterentwicklung von Kultur und Gesell-

schaft verbunden. Sofern man den Kultur- und Sinnbezug von Schule, Unterricht und Lehrerhandeln in den Mittelpunkt stellt, wird jede anspruchsvolle Allgemeine Didaktik unausweichlich ›bildungstheoretisch‹ sein müssen. Auf der schul- und unterrichtsbezogenen Ebene sehe ich eine Fortführung und Erweiterung des Grundmotivs dieser Theoriefamilie in der Bildungsgangdidaktik (s. S. 138).

3.2.2 Lehrtheoretische Didaktik

Diese Ansätze nehmen die Perspektive des planenden und analysierenden Lehrers ein und versuchen, ihm wissenschaftlich gesicherte Informationen zur Gestaltung des Unterrichts an die Hand zu geben. In frühen Schriften dieses Ansatzes aus den 1960er Jahren (»Berliner Schule«) war z. T. sogar nicht mehr vom »Lehrer«, sondern von einer »lehrenden Intelligenz« die Rede; angesichts von E-Learning, Expertensystemen etc. klingt dies wieder ganz aktuell. Wissenschaftstheoretisch gesehen ist die lehrtheoretische Didaktik der *empirisch-analytischen Erziehungswissenschaft* zuzuordnen. Die Grundaussage ist folgende: Eingepasst in die vorgefundene Ausgangslage der Lernenden bzw. der Lerngruppe und in Befolgung übergeordneter Lehrplanvorgaben (Bedingungsfelder) hat ein Lehrer Entscheidungen hinsichtlich der vier Faktoren Ziele, Inhalte, Methoden und Medien zu treffen (Entscheidungsfelder). Diese vier Faktoren stehen nicht in einem Ableitungs-, sondern in einem Interdependenzverhältnis zueinander, beeinflussen sich also gegenseitig. Der so konstruierte und durchgeführte Unterricht erzeugt Wirkungen, die wiederum als Voraussetzungen in die weitere Planung eingehen. Unterricht ist dann nicht länger bildende Begegnung wie bei der bildungstheoretischen Didaktik, sondern zweckrationale und erfolgskontrollierte Organisation von Lehr-Lern-Prozessen (vgl. Abb. 3).

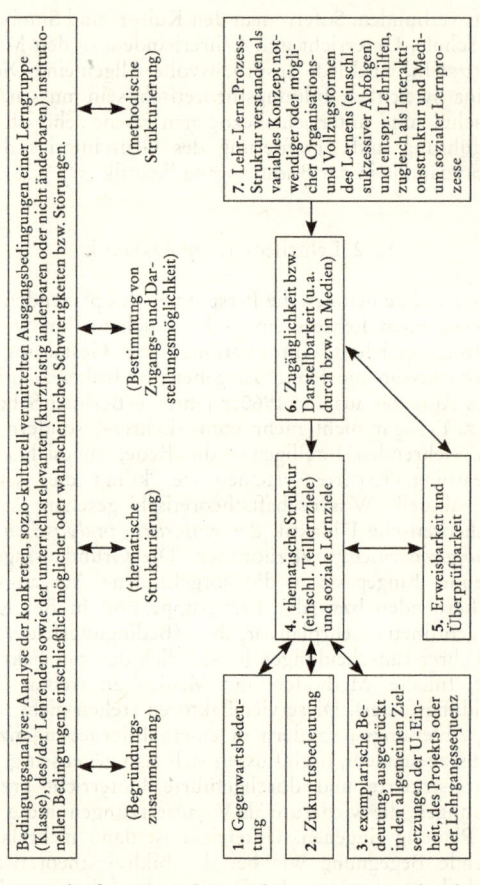

Abb. 2: Vorläufiges Perspektivenschema zur Unterrichtsplanung (nach: Klafki 1985, S. 272)

Damit liegt eine pragmatische, dem Anspruch nach auf empirischer Forschung basierende Didaktik für Lehrer vor, die sich zumindest in ihren Anfängen der Reflexion aller übergeordneten gesellschaftlichen Bedingungen und normativer Probleme enthalten hat, eine Beschränkung, die ihr von Seiten der bildungstheoretischen Didaktik, aber auch aller kritisch-kommunikativen Didaktik-Varianten postwendend den Positivismus-Vorwurf eingebracht hat. Im Rahmen der Weiterentwicklung der lehrtheoretischen Didaktik ist die institutionelle und gesellschaftliche Einbettung von Unterricht sowie die Interaktion im Unterricht allerdings zunehmend stärker berücksichtigt worden. Die lehrtheoretische Didaktik hat aufgrund ihres zweckrational-pragmatischen Unterrichtsverständnisses sicherlich die größte Nähe zu Fragestellungen der empirischen Lehr-Lern-Forschung (Heimann/Otto/Schulz 1965; Heimann 1976; Schulz 1981).

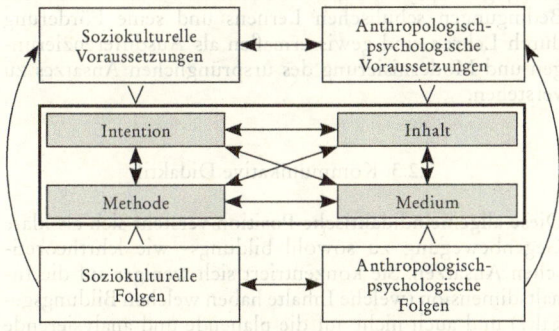

Abb. 3: Strukturmodell des Unterrichts von Heimann/Otto/Schulz
(nach: Peterßen 2001, S. 54)

Der *lehrtheoretische Ansatz* hat einen mehrfachen Wechsel seiner wissenschaftstheoretischen Orientierung hinter sich: von einem einfachen Empirismus der Gründungsphase der »Berliner Schule« zu einer ideologiekritischen Wissenschaftsauffassung zu Beginn der 1970er Jahre bis hin zu sehr subjektnahen, z. T. schon quasi-therapeutischen Formen im »Hamburger Modell« (Schulz 1981; vgl. Abb. 4) – eine wahrlich bewegte Geschichte. Der Ansatz wird weiterhin in der Lehrbuchliteratur und natürlich in den Studienseminaren der zweiten Phase der Lehrerbildung behandelt. Die Identifikation einer größeren Wissenschaftlergruppe, die diesen Ansatz heute vertritt bzw. weiterentwickelt, ist jedoch meines Erachtens nicht möglich. Von dieser personellen Kontinuität unabhängig, also rein sachlich gesehen, hat heute die empirische Lehr-Lern-Forschung bzw. Unterrichtswissenschaft in einer gewissen Weise das Erbe der »Berliner Schule« angetreten. Deren pädagogisch-psychologische Modellannahmen über die Bedingungen schulischen Lernens und seine Förderung durch Lehren sind gewissermaßen als Ausdifferenzierungen und Modernisierung des ursprünglichen Ansatzes zu verstehen.

3.2.3 Kommunikative Didaktik

Diese allgemeindidaktische Position versteht sich als klare Gegenbewegung zu sowohl bildungs- wie lehrtheoretischen Ansätzen. Sie konzentriert sich weniger auf die Inhaltsdimension (welche Inhalte haben welchen Bildungsgehalt?) und auch nicht auf die planende und analysierende Perspektive des Lehrers (wie muss ich meine Stunde aufbauen?), sondern auf den Prozess und die Auswirkungen der sozialen Interaktion im Klassenzimmer. Unterricht wird als soziale Situation verstanden, in die die Beteiligten ihre je persönlichen Vorerfahrungen, Sichtweisen und De-

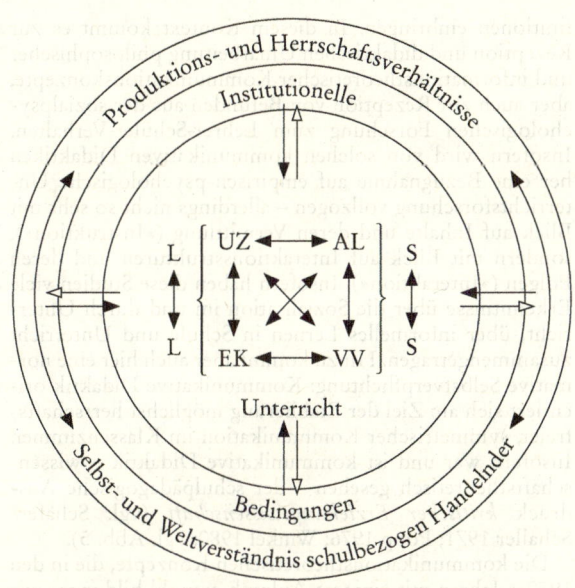

L = Lehrer
S = Schüler } als Partner unterrichtsbezogener Planung
UZ = Unterrichtsziele: Intentionen und Themen
AL = Ausgangslage der Lernenden und Lehrenden
VV = Vermittlungsvariablen wie Methoden, Medien, schulorgani-
satorische Hilfen
EK = Erfolgskontrolle: Selbstkontrolle der Schüler und Lehrer

Abb. 4: Das Handlungsmodell des Unterrichts von Schulz
(nach: Peterßen 2001, S. 64)

finitionen einbringen. In diesem Kontext kommt es zur Rezeption und didaktischen Umarbeitung philosophischer und informationstheoretischer Kommunikationskonzepte, aber auch zur Rezeption von Befunden aus der sozialpsychologischen Forschung zum Lehrer-Schüler-Verhalten. Insofern wird von solchen kommunikativen Didaktiken her eine Bezugnahme auf empirisch-psychologische Unterrichtsforschung vollzogen – allerdings nicht so sehr mit Blick auf Inhalte und deren Vermittlung (»Instruktion«), sondern mit Blick auf Interaktionsstrukturen und deren Folgen (»Interaktion«). Insofern haben diese Studien viele Erkenntnisse über die Sozialisation im und durch Unterricht, über informelles Lernen in Schule und Unterricht zusammengetragen. Hinzu kommt aber auch hier eine normative Selbstverpflichtung: Kommunikative Didaktik orientiert sich am Ziel der Etablierung möglichst herrschaftsfreier, symmetrischer Kommunikation im Klassenzimmer. Insofern war und ist kommunikative Didaktik – wissenschaftstheoretisch gesehen – der schulpädagogische Ausdruck *kritischer Erziehungswissenschaft* (vgl. Schäfer/ Schaller 1971; Popp 1976; Winkel 1980; vgl. Abb. 5).

Die kommunikationstheoretischen Konzepte, die in den 1970er Jahren mit einigem Aplomb sowohl bildungs- wie lehrtheoretische Modelle unter Nutzung moderner Interaktions- und Kommunikationstheorien herausgefordert haben, sind mittlerweile weitgehend in das Feld der schülerorientierten, erfahrungsnahen, handlungsbezogenen und generell ›offenen‹ Unterrichtsgestaltung übergegangen. Sozialphilosophische und sozialpsychologische Hintergrundtheorien – wie noch in den Ursprungszeiten dieser Theoriefamilie (z. B. G. H. Mead, P. Watzlawick) – werden hierfür kaum noch in Anspruch genommen. Insofern ist auf theoretischer Ebene die »kommunikative Didaktik« eigentlich nicht weiterentwickelt worden; auf der Ebene der Praxis ist der kommunikative Ansatz dagegen in einen bunten Strauß von Methodismen und methodischen

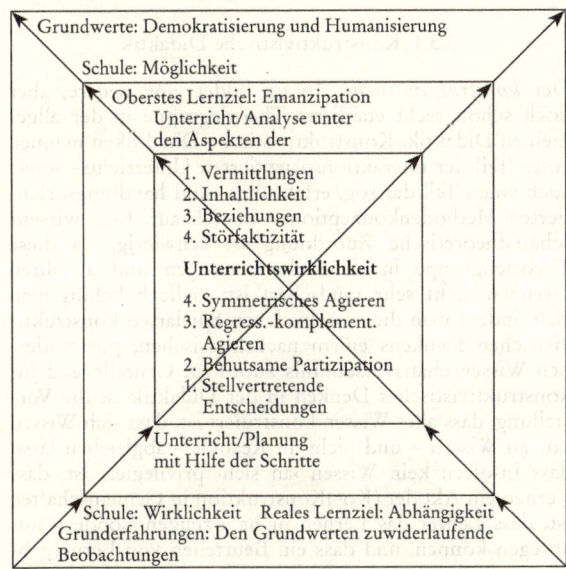

Gesellschaft: Sollens-Werte

Grundwerte: Demokratisierung und Humanisierung

Schule: Möglichkeit

Oberstes Lernziel: Emanzipation
Unterricht/Analyse unter
den Aspekten der

1. Vermittlungen
2. Inhaltlichkeit
3. Beziehungen
4. Störfaktizität

Unterrichtswirklichkeit

4. Symmetrisches Agieren
3. Regress.-komplement.
   Agieren
2. Behutsame Partizipation
1. Stellvertretende
   Entscheidungen

Unterricht/Planung
mit Hilfe der Schritte

Schule: Wirklichkeit   Reales Lernziel: Abhängigkeit
Grunderfahrungen: Den Grundwerten zuwiderlaufende
Beobachtungen

Gesellschaft: Ist-Werte

Abb. 5: Das Modell der kommunikativen Didaktik
(nach: Winkel 1980, S. 202)

Gestaltungsformen hinein explodiert. Die zentrale – bildungstheoretische – Frage der Didaktik, *warum Schüler was lernen sollen*, wird durch eine Hypertrophie des Methodischen stillgestellt: Methodik statt Didaktik (vgl. Terhart/Uhle 1991).

3.3 Neuere Modelle

3.3.1 Konstruktivistische Didaktik

Der *konstruktivistische Ansatz* bildet eine neuere, aber doch schon recht etablierte Theoriegruppe in der allgemeinen Didaktik. Konstruktivistische Didaktiken nehmen einen Teil der interaktionsorientierten Unterrichts- sowie auch einen Teil der sog. erfahrungs- und handlungsorientierten Methodenkonzeptionen in sich auf. Eine wissenschaftstheoretische Zuordnung ist schwierig, da diese Theoriengruppe in sich sehr heterogen und an ihren Grenzen nicht sehr randscharf ist; vielfach behilft man sich, indem man die verschiedenen Spielarten konstruktivistischen Denkens einem nach-klassischen, postmodernen Wissenschaftsverständnis zuordnet. Grundlegend für konstruktivistisches Denken in der Didaktik ist die Vorstellung, dass alles Wissen konstruiert ist, dass sich Wissen nur an Wissen – und nicht an Realität – abgleichen lässt, dass insofern kein Wissen ›an sich‹ privilegiert ist, dass Lernen ein Akt der (Ko-)Konstruktion in Gemeinschaften ist, dass Lehrer das Lernen nicht erzeugen, sondern nur anregen können, und dass ein Beurteilen von Lernergebnissen auf der Basis von Richtig/Falsch-Unterscheidungen inadäquat ist. Wichtige Vertreter dieses Ansatzes sind K. Reich und H. Siebert (Reich 1996, 2002; Siebert 2005). Für die konstruktivistische Didaktik nach Reich ist der Dreischritt von Konstruieren, Rekonstruieren und Dekonstruieren entscheidend (vgl. auch Abb. 6):

- *Konstruktion* bedeutet, dass Lernen grundsätzlich ein Konstruieren ist, das auch im Unterricht jeder einzelne Schüler zwar im sozialen Kontext, aber doch für sich vollzieht. Leitmotto: »Wir sind die *Erfinder* unserer Wirklichkeit«.
- *Rekonstruktion* bedeutet, dass von den nachwachsenden

Erkenntniskritische Perspektiven		
Konstruktivität	**Methodizität**	**Praktizität**

<table>
<tr><td rowspan="2">Didaktisches Handeln</td><td rowspan="2">Konstruieren</td><td>Erfinden</td><td>Begründen</td><td>Gestalten</td></tr>
<tr><td>Kreativität
Innovation
Produktion
Modifikation
Ausprobieren
u. a.</td><td>Variation
Kombination
Transfer
(neue Geltung
wird mit Teilen
von bekannten
Methoden
beschrieben)</td><td>für Einzelne
für Gruppen

Viabilität unter
der Maxime der
Selbstbestimmung
und des
Selbstwerts</td></tr>
<tr><td rowspan="2">Rekonstruieren</td><td>Entdecken</td><td>Verallgemeinern</td><td>Erfahren</td></tr>
<tr><td>Transfer
Anwendung
Übernahme
Wiederholung
Nachahmung
Anpassung
u. a.</td><td>Ordnung
Muster
Modelle
(Geltungsan-
sprüche anderer)</td><td>für Einzelne
für Gruppen

Viabilität unter
der Maxime der
Selbsttätigkeit</td></tr>
<tr><td rowspan="2">Dekonstruieren</td><td>Enttarnen</td><td>Zweifeln</td><td>Kritisieren</td></tr>
<tr><td>Analyse von Un-
vollständigkeit
Unvorher-
gesehenem
Unbewusstem
u. a.</td><td>Auslassung
Vereinfachung
Ergänzung
Kritik</td><td>für Einzelne
für Gruppen

Viabilität unter
der Maxime der
Selbst- und
Fremdverant-
wortung</td></tr>
</table>

Abb. 6: Reflexionstafel der Konstruktivistischen Didaktik
(nach: Reich 2002, S. 144)

Generationen (und im Unterricht) nicht alles neu erfunden wird; vielmehr werden vorhandene Kultur- und Erkenntnisleistungen nach-entdeckt. Leitmotto: »Wir sind die *Entdecker* unserer Wirklichkeit«.

• *Dekonstruktion* bedeutet: Sowohl eigene Erfindungen wie die (Nach-)Entdeckungen von bereits Vorhandenem müssen kritisch auf Auslassungen, Einseitigkeiten etc. geprüft werden. Alternativen des Konstruierten müssen offen bleiben. Leitmotto: »Es könnte auch noch anders sein! Wir sind die *Enttarner* unserer Wirklichkeit«.

Konstruktivistische Didaktik artikuliert sich auf der Theorie-Ebene in einer relativ radikalen Weise; bei den Überlegungen und Vorschlägen zur Gestaltung von Unterricht wird jedoch durchweg eine gemäßigte Position vertreten (vgl. Terhart 1999). Die konstruktivistischen Empfehlungen zur Unterrichtsgestaltung orientieren sich sehr stark an alten und neuen reformpädagogischen Modellen (Erfahrungslernen, entdeckendes Lernen, fächerübergreifendes Lernen, Förderung der Selbsttätigkeit, Lernen des Lernens etc.). Darüber hinaus hat diese Allgemeine Didaktik eine vergleichsweise große Nähe zu bzw. Überlappung mit den Überlegungen zu neuen, vernetzten Lernkulturen, zu neueren Konzepten informellen Lernens und zum netzbasierten E-Learning. Bei radikalen Vertretern ist der Übergang zu ›entgrenzenden‹ postmodernen Argumentationen wie schließlich auch zu »New-Age«-Praktiken fließend (vgl. z. B. Kösel 1993).

Unter Nutzung erkenntnistheoretischer, hirnphysiologischer und lernpsychologischer Annahmen und Erkenntnisse entkoppelt die konstruktivistische Didaktik die Verbindung zwischen Lehren und Lernen. Das bedeutet: Unterricht (Lehren) kann Lernen nur wahrscheinlicher machen, nicht aber erzeugen. Lernen selbst wird zur ko-konstruierenden Tätigkeit der Lernenden selbst, wobei jedes Lernergebnis am Ende als Erfolg zählen muss, denn über wahr und falsch ist – radikalkonstruktivistisch gesehen – nicht mehr zu befinden. Auf der *Ebene von Theorie* ist konstruktivistische Didaktik noch nicht sehr stark mit anderen allgemein-didaktischen Positionen verknüpft: Weil sich dieser neue Ansatz z. T. noch in der Phase der polemischen Abgrenzung befindet, konnten noch keine stabilen Querverbindungen entstehen.

In der Praxis verbindet sich konstruktivistische Didaktik mit den Praxisformen reformpädagogischer und kommunikativer Modelle sowie – verstärkt – mit den komplexen virtuellen Lernwelten (E-Learning), die die neuen Informations- und Kommunikationstechnologien ermöglichen. In dieser Form ist die konstruktivistische Provokation mithin pädagogisch normalisiert und didaktisch entschärft worden; konstruktivistisches Vokabular kann nun herangezogen werden, um allen möglichen sinnvollen und sinnlosen didaktischen Praxen zumindest begrifflich-semantisch einen brüllend modernen Anstrich zu geben.

3.3.2 Bildungsgangdidaktik

Dieser Ansatz geht auf den Schulversuch »Kollegstufe NW« zurück, der in den 1970er Jahren unter der Leitung von H. Blankertz in Nordrhein-Westfalen durchgeführt wurde. In diesem Schulversuch wurden berufsbildende und allgemeinbildende Bildungswege der Sekundarstufe II, die üblicherweise auf die Berufsschule einerseits und die Oberstufe des Gymnasiums andererseits aufgeteilt sind, in einer Institution – der Kollegstufe – zusammengeführt. Auf diese Weise sollte die Kollegstufe an die Gesamtschule (als integrierte Schulform der Sekundarstufe I) anschließen. Bei der Überprüfung und Bewertung der Wirkungen dieses Schulversuchs wurde gefragt, ob Kollegschüler durch diese Schulform tatsächlich eine bessere Unterstützung ihres individuellen Bildungsprozesses er-

fahren als Nicht-Kollegschüler. Grundannahme war, dass
die von der Schule angebotenen Bildungswege und -inhal-
te nur dann von tatsächlicher und nachhaltiger Bildungs-
wirkung für die einzelnen Schüler sind, wenn diese sie als
subjektiv und für die eigene Entwicklung bedeutsam
wahrnehmen. Die Bezugsgröße, an der der je individuelle
tatsächliche (»subjektive«) Bildungsgang bemessen wurde,
war ein auf diese Altersgruppe bezogenes Konzept gelin-
gender Bildung, welches die gewissermaßen »objektiven«,
gesellschaftlichen Anforderungen markierte. Insofern
wurde ein *bildungstheoretisch begründetes Erfolgskriterium* definiert – mit der Folge, dass die Bildungsgangdidaktik bis heute starke normative Implikationen hat, die teils
trotzig beschworen, teils verschämt beschwiegen werden.

Die Grundannahme lautet: Schüler bzw. junge Erwachsene haben objektiv vorgegebene Entwicklungsaufgaben
(*developmental tasks*) zu lösen, die abzuschreitende Bildungsgänge darstellen. Die Schule, das Curriculum und
der Unterricht müssen diesen Prozess unterstützen, wobei
diese Bildungsgänge von der Schule zwar mehr oder weniger standardisiert *angeboten werden können*, der konkrete
Bildungsgang des einzelnen Schülers jedoch immer sehr
individuell verläuft (Abb. 7). Aufgaben sind *objektiv* gestellt; zugleich *muss man sich selbst* Aufgaben stellen (Girmes 2004) und zwar im doppelten Sinn: Bearbeitung vor-
gegebener Aufgaben und Entwicklung selbstgestellter
Aufgaben. Die Bearbeitung von Aufgaben kann dabei auf
qualitativ unterschiedlichen Niveaustufen liegen (Abb. 8).

Durch die Bildungs*gang*-Konzeption wird curriculares
und didaktisches Denken gewissermaßen dynamisiert. Die
Konzepte der Entwicklung, der Kompetenzentfaltung
und des Identitätsaufbaus werden zentral. Kurzum: Das
Verhältnis von Biographie und Bildung steht im Mittelpunkt – und zugleich die Frage, wie Schule und Unterricht hierbei eine Unterstützungsfunktion gewinnen können. Damit hat sich der Ansatz der Analyse von Bildungs-

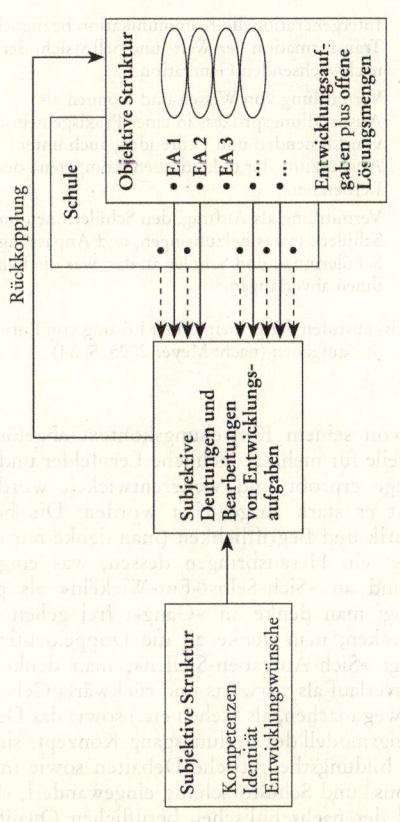

Abb. 7: Die Aufgaben der Schule in bildungsgangdidaktischer Hinsicht (nach: Hericks/Spörlein 2001, S. 43)

Drittes Niveau	Intergenerationelle Kommunikation bezüglich der Transformation der Welt- und Selbstsicht der nachwachsenden Generation.
Zweites Niveau	Vermittlung von Wissen und Können als Aushandlungsprozess in einer Praxisgemeinschaft von Lernenden und Lehrenden, auch unter Ausnutzung der didaktischen Kompetenz der Lernenden.
Erstes Niveau	Vermittlung als Auftrag, den Schülerinnen und Schülern etwas beizubringen, und Anpassung der Schülerinnen und Schüler an das, was die Lehrer ihnen abverlangen.

Abb. 8: Niveaustufen der gemeinsamen Lösung von Entwicklungsaufgaben (nach: Meyer 2005, S. 34)

gängen von seinem Entstehungskontext abgelöst; er ist mittlerweile für mehrere fachliche Lernfelder und Ausbildungswege erprobt und weiterentwickelt worden. Zugleich ist er stark ausgeweitet worden: Die besondere Metaphorik und Begrifflichkeit (man denke nur an »Ent-Wickeln«: ein Herausbringen dessen, was eingewickelt war – und an »Sich-Selbst-Ent-Wickeln« als paradoxe Handlung; man denke an »Gang«: frei gehen oder im Gang stecken; man denke an die Doppeldeutigkeit der Wendung: »Sich-Aufgaben-Stellen«; man denke an den Bildungsverlauf als vorwärts und rückwärts Gehen, als einen Umweg machen, als Stehen etc.) sowie das Denk- und Forschungsmodell des Bildungsgang-Konzepts sind in allgemeine bildungstheoretische Debatten sowie in die Sozialisations- und Schulforschung eingewandert, ebenso in das Feld der nachschulischen beruflichen Qualifizierung (z. B. auch für den Lehrerberuf; vgl. Hericks 2006).

Der Bildungsgang-Ansatz argumentiert auf curricularer Ebene und beansprucht ebenso eine didaktische Komponente, die sich sowohl bezogen auf bestimmte Fachlichkeit, aber auch im Überfachlichen zeigt. Auch dies ist eine gewisse Analogie zum bildungstheoretischen Ansatz. In welcher Weise aber wird Bildungsgangdidaktik konkret, wie wird sie Didaktik? Dies ist nicht leicht auszumachen, da an die Stelle konkreter, operativer Aussagen erneut starke normative Bekenntnisse und Postulate zur Parteinahme für Schülersicht, für eine Zurücknahme des didaktischen Impetus, für richtiges Lehrerhandeln etc. anzutreffen sind. Auf der anderen Seite findet man bei der Suche nach Konkretisierung detaillierte, fallbezogene Beschreibungen, Interpretationen und Analysen von *ablaufender* Unterrichtskommunikation oder aber Interviewäußerungen von Schülern, die fachbezogen oder allgemein auf ihren Schulweg als Bildungsweg zurückschauen. Diese mikroskopischen Analysen von Fällen erweisen sich durchweg als sehr ergiebig, dokumentieren sie doch eindrucksvoll die recht eigenwillige Weise, in der Schüler subjektiv die objektiven Schul- und Unterrichtsangebote in ihren eigenen Sinnhorizont hineinversetzen. Daran wird auch deutlich, dass die Schule die tatsächlichen, subjektiven Bildungswege ihrer Schüler gar nicht kennt – und vielleicht auch gar nicht kennen will, da sie als administrativer Apparat zunächst einmal am reibungslosen Ablauf des äußeren Schulmechanismus interessiert ist.

In dieser sich öffnenden Schere zwischen starker pädagogischer *Normativität* einerseits und einer minutiösen *Analyse* des Vorfindlichen bildet die *Konstruktion* von Unterricht als Handlungsaufgabe der Lehrer jedoch bisher eine Leerstelle der Bildungsgangdidaktik. Oder anders: Die Bildungsgangdidaktik ist zwar bildungstheoretisch ausgerichtet und in sinnvoller Weise für Sozialisations-, Schul- und Lehrerforschung offen, muss aber selbst noch mehr operative Elemente entwickeln, die unerfahrenen und erfahrenen Lehrern die Planung und Durchführung von Unterricht im Sinne dieses Rahmenkonzepts ermöglichen.

3.3.3 Neurodidaktik

Die Bezeichnung »Neurodidaktik« steht für solche Begründungsansätze von Lehren und Unterricht, die sich auf Erkenntnisse der Gehirnforschung zum Lernen stützen. Insofern kann man Neurodidaktik auch als einen der Ansätze bezeichnen, die die konstruktivistische Didaktik fundieren. Letztere stützt sich jedoch – neben der Gehirnforschung – auch auf philosophische und sozialwissenschaftliche Theorien. Naturwissenschaftlich-medizinische Erkenntnisse über die Arbeitsweise, über die Leistungen, Eigenarten und Grenzen des menschlichen Gehirns werden herangezogen, um ein gehirngerechtes Lehren zu fundieren, von dem wiederum behauptet wird, dass es das menschliche Lernpotential entfesselt und zu besseren Lernergebnissen führt. Der Logik nach handelt es sich also um Didaktik auf (gehirn)physiologischer Grundlage (*brainbased teaching;* zur Neurodidaktik vgl. auch Kap. I,7 sowie Arnold 2002; Herrmann 2006).

Welche Aussagen der Gehirnforschung zum Lernen sind für die Neurodidaktik leitend:

• Menschen lernen besser in einer angstfreien Atmosphäre ohne Stress und Druck. Die Bereitstellung einer für alle Sinne angenehmen und zugleich konzentrierten Situation ist die beste und erste Voraussetzung für menschliches Lernen.
• Lernen bedeutet Verarbeiten von Informationen, wobei das Gehirn in Informationen Muster erkennt, wenn diese an vorhandenes Wissen, an vorliegende Erfahrung in irgendeiner Weise angeschlossen werden können.
• Lernen ist dann erfolgreich, wenn sein Nutzen oder sein Wert subjektiv einsehbar ist, wenn es »Sinn« macht.
• Lernen, Verstehen und Behalten haben einen bestimmten zeitlichen Rhythmus – und brauchen Pausen.
• Es ist für das Lernen von Vorteil, wenn über mehrere

Sinneskanäle Informationen auf das immer schon eigen-
aktive Gehirn treffen, das diese unterschiedlichen Arten
von Informationen in sich verarbeitet und neue Bedeu-
tungen konstruiert.

• Bei der Neustrukturierung von internen Strukturen
spielen Kognitionen, Emotionen und Motivationen eine
gleich wichtige Rolle. Lernen ist insofern ein ganzheitlicher Prozess.

• Beim Lernen wird neues Wissen eingefügt, altes Wissen
aktiviert und gegebenenfalls reorganisiert, und es werden Prozesse der Wissensverarbeitung verändert.

• Neu Gelerntes wird besser behalten, wenn es unmittelbar geübt und angewendet werden kann, aber auch,
wenn es auf neue Informationen und Probleme angewendet werden kann.

• Hinzu kommt, dass das Lernen erleichtert wird, wenn
wir unser eigenes Lernen beobachten und organisieren,
wenn wir also ein Bewusstsein oder Gefühl für unser
eigenes Lernen bekommen.

Hinsichtlich der didaktisch-methodischen Gestaltung von
schulischen Lernprozessen ziehen die Neurodidaktiker
die Konsequenz, dass man nicht mehr von der Umsetz-
barkeit gereinigter Lehrpläne und Stoffkataloge ausgehen
sollte, denn Schülerlernen verlaufe faktisch immer ›chao-
tisch‹. Die Unterrichtsmaterialien sollten nicht vorgegeben
sein, sondern aus dem Leben der Schüler und Lehrer
selbst stammen und für die Lernenden eine emotionale
Bedeutung haben. Dies erinnert an die Begründungen für
die Effektivität und Nachhaltigkeit informellen Lernens.
Verschiedene Zugangsweisen zum Gegenstand, verschiedene Darstellungsformen von Lerngegenständen sollten
gewählt werden. Am besten lasse sich gehirngerechtes
Unterrichten in der Form des handlungsorientierten, pro-
jektartigen und problemlösenden Unterrichts erreichen,
wobei sich erschließende, verarbeitende und reflektierende

Phasen ablösen sollten. Fragen stellen und Fehler machen seien als konstitutive Elemente von nachhaltigem Lernen zu verstehen. Abb. 9 und 10 verdeutlichen in schematischer Weise den Unterschied zwischen altem didaktischen und neuem neurodidaktischen Denken:

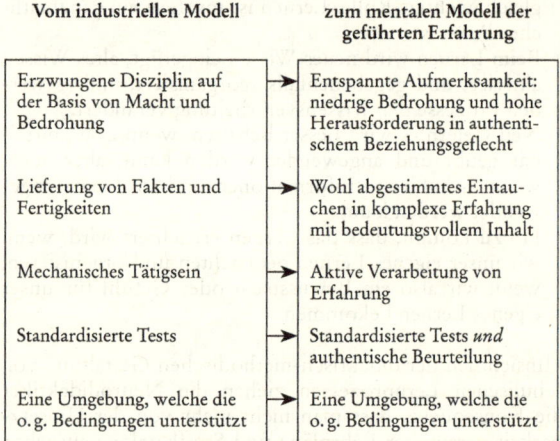

Vom industriellen Modell	zum mentalen Modell der geführten Erfahrung
Erzwungene Disziplin auf der Basis von Macht und Bedrohung	Entspannte Aufmerksamkeit: niedrige Bedrohung und hohe Herausforderung in authentischem Beziehungsgeflecht
Lieferung von Fakten und Fertigkeiten	Wohl abgestimmtes Eintauchen in komplexe Erfahrung mit bedeutungsvollem Inhalt
Mechanisches Tätigsein	Aktive Verarbeitung von Erfahrung
Standardisierte Tests	Standardisierte Tests *und* authentische Beurteilung
Eine Umgebung, welche die o. g. Bedingungen unterstützt	Eine Umgebung, welche die o. g. Bedingungen unterstützt

Abb. 9: Der Paradigmenwechsel vom alten zum neuen Lernen
(nach: Arnold 2002, S. 130)

Gebiet	Traditioneller Unterricht	Gehirn-fundiertes Lernen
Informationsquelle	Einfach (zweiwegig – vom Lehrer über Buch oder Arbeitsblatt oder Film – zum Schüler)	Komplex (z. B. soziale Interaktionen, Entdeckungen innerhalb der Gruppe, individuelle Recherche und

		Reflexion, Rollenspiele, integriertes Fachwissen)
Organisation der Klasse	Linear (individuelles Arbeiten oder lehrergelenkt)	Komplex (z. B. Benutzung von Arbeitsstationen, individualisierte Projekte, thematische, integrative und kooperative Methoden)
Führungsstil	Hierarchisch (Lehrerkontrolle)	Komplex: Rollen und Verantwortlichkeiten liegen beim Schüler und werden vom Lehrer beobachtet
Ergebnisse	Spezifisch und konvergent; Betonung auf Lernstoff, Vokabeln, Fertigkeiten	Komplex: Betonung auf Neuordnung von Informationen in einzigartiger Weise, mit vorhersagbaren Ergebnissen; divergent und konvergent; Vergrößerung des natürlichen Wissens, die sich in der Fähigkeit, erlernte Fertigkeiten in verschiedenen Kontexten anwenden zu können, zeigt

Abb. 10: Vergleich zwischen traditionellem Unterricht und gehirn-
fundiertem Lernen (nach: Arnold 2002, S. 198)

Für keinen Lehrer (und für keinen Didaktiker und Unterrichtspsychologen) sind dies wirkliche Neuigkeiten! Das wird jedoch von den Neurodidaktikern auch gar nicht beansprucht. Beansprucht wird allerdings, für die Forderung nach ganzheitlichem, methodisch vielfältigem und anspruchsvollem Lernen durch den Brückenschlag zur Gehirnforschung ein neues, überzeugendes und prestigeträchtiges Fundament geschaffen zu haben. Insofern schlägt auch die Neurodidaktik wie alle psychologischen Didaktiken, die sich auf den Prozess bzw. hier: das Gehirn und seine Arbeitsweise als die physiologische Basis des Lernens beziehen, fast ausschließlich eine Brücke zu den Prozessen und Methoden des *Lernens* – und nur sehr bedingt: zu den Methoden des *Lehrens*. Und darüber hinaus ist festzustellen: Die materiale Seite, die *Sache des Unterrichts*, wird konstruktivistisch und neurophilosophisch de-konstruiert, verflüssigt sich, wird zur Ansichtssache. So gesehen kann man fragen, ob die Neurodidaktik überhaupt eine Didaktik ist.

3.4 Allgemeine Didaktik und empirische Unterrichtsforschung

Wechselt man nun von der Blickperspektive der Allgemeinen Didaktik und ihrer traditionellen und aktuellen Theoriefamilien über in die Blickperspektive der empirischen Unterrichtsforschung bzw. – um einen modernen Begriff zu verwenden – der Lehr-Lern-Forschung, so ist zunächst einmal der hohe Anteil an Gemeinsamkeiten zwischen beiden wissenschaftlichen Teilgebieten auffällig: Auch die Lehr-Lern-Forschung thematisiert – wie die Allgemeine Didaktik – in voller Breite das Lehren und Lernen in unterschiedlichen Kontexten. Lehr-Lern-Forschung ist gewissermaßen eine Sammelbezeichnung für solche empirische Forschung, die sich auf die Mikroprozesse von

Unterrichts- bzw. Lehr-Lern-Situationen bezieht. In dieser Bezugnahme auf die Mikro-Ebene unterscheidet sich Lehr-Lern-Forschung von empirischer Schul- und Bildungsforschung allgemein (Treiber/Weinert 1982; Weinert 1996, 1997; Helmke 2003).

Gegenstandsbereich der empirischen Lehr-Lern-Forschung sind grundsätzlich alle Lehr-Lern-Situationen innerhalb und außerhalb institutioneller Kontexte; beim institutionalisierten Lehren und Lernen dominiert innerhalb der Lehr-Lern-Forschung derzeit (noch) der *Schulunterricht* als hauptsächliches Arbeitsgebiet. Empirische Lehr-Lern-Forschung befasst sich grundsätzlich mit sämtlichen Aspekten und Prozessen von Lehr-Lern-Situationen; faktisch dominiert immer noch die Beschäftigung mit *kognitiven Lernprozessen*. Elemente wie Motivation, Emotion, Interesse, Einflüsse von Kontextfaktoren etc. haben allerdings deutlich aufgeholt.

Nach so viel Gemeinsamkeit wird es nun dringend notwendig, die entscheidende Differenz der empirischen Lehr-Lern-Forschung zur Allgemeinen Didaktik zu markieren: Lehr-Lern-Forschung ist – wie der Name schon sagt – ein *Forschungs*bereich innerhalb der Pädagogischen Psychologie. Die Allgemeine Didaktik ist demgegenüber gerade *kein* Forschungsbereich, sondern ein Element des *Ausbildungs*prozesses von angehenden Lehrern. Aufgrund dieses klaren Forschungsbezugs von Lehr-Lern-Forschung ist es auch angemessen zu sagen, dass sich die Forschungsstränge der Lehr-Lern-Forschung mit der *theoriegeleiteten Beschreibung, Erklärung und Optimierung von Lehr-Lern-Prozessen* befassen. Dieser ebenso klaren wie konventionellen Beschreibung der Aufgaben eines wissenschaftlichen Forschungskontextes seitens der Lehr-Lern-Forschung steht aufseiten der Allgemeinen Didaktik eine Aufgabenbeschreibung gegenüber, die weiter und unspezifischer gefasst ist: Es geht um die *Theoretisierung und operative Gestaltung von Lehren und Lernen* *im Kontext von Ausbildung für den pädagogischen Beruf des Lehrers.* Hierzu gehören bei den bildungstheoretischen Didaktiken auch weit gespannte Vorstellungen über den normativen Sinnhorizont von Schule und Unterricht – aber ebenso auch konkrete Fragelisten für Unterrichtsvorbereitung und Schemata zur Unterrichtsgestaltung, operative Elemente also. In dieser Ausbildungsfunktion liegt letztendlich der inhaltliche und institutionelle Zweck von Allgemeiner Didaktik begründet; Fragen der Erforschung, gar noch: der empirischen Erforschung von Unterricht werden in den älteren Allgemeinen Didaktiken entweder gar nicht genannt oder sind bei den neueren allgemeinen Didaktiken in diese Aufgabenstellung eingeordnet.

Bei der empirischen Lehr-Lern-Forschung dagegen sieht es gewissermaßen umgekehrt aus: *Hier ist Forschung der primäre Zweck!* – Fragen der Anwendung etwa bei Lehrertrainings und/oder in der Lehreraus- und -fortbildung sind demgegenüber nachgeordnet; und Ausbildungsprobleme stellen sich aufgrund der dezidierten Forschungsperspektive allenfalls im Blick auf die Rekrutierung des eigenen wissenschaftlichen Nachwuchses.

So gesehen haben Allgemeine Didaktik und empirische Lehr-Lern-Forschung zwar einen gemeinsamen Gegenstandsbereich: Lehren und Lernen in all seinen Erscheinungsformen und Bestandteilen. Allgemeine Didaktik ist demgegenüber jedoch *einerseits weiter* gefasst, da sie den Bereich der Normativität mit in ihren Fragehorizont aufnimmt, die Frage also, an welchem Menschenbild, an welchem Persönlichkeitsideal, an welchen als gelungen erachteten Bildungsverläufen sich konkrete Bildungsprozesse orientieren sollen, und wie überhaupt das Lernen der nachwachsenden Generation auf gesellschaftliche Aufgaben- und Problemstellungen bezogen ist. Solche weit gespannten, normativ durchwirkten Rahmenfaktoren werden in der empirischen Lehr-Lern-Forschung nicht erörtert; sie ist demgegenüber enger angelegt, worin ihre Stärke und Schwäche zugleich liegt.

Diesem sehr weiten inhaltlichen Fragehorizont der Allgemeinen Didaktik steht, wie erwähnt, *andererseits eine enge Einbindung* in den Kontext der Lehrerbildung gegenüber – mit all ihren institutionellen und rechtlichen Folgen. Stellt man im Kontext der Allgemeinen Didaktik die Frage nach Forschung, so wurde früher auf die empirische Unterrichtsforschung und wird heute auf die empirische Lehr-Lern-Forschung verwiesen – und einmal mehr die Kluft betrauert, die zwischen Allgemeiner Didaktik und empirischer Lehr-Lern-Forschung liegt. Denn aus der Sicht der Allgemeinen Didaktik ist die empirische Lehr-Lern-Forschung konzeptionell und methodologisch eng, manche meinen: zu eng angelegt. So wurde etwa moniert, dass sie einem Prozessmodell von Unterricht anhänge, das die Voraussetzungen, Bedingungen und Verläufe lediglich am Ziel der möglichst raschen Vermittlung möglichst großer Wissensmengen an Schüler aufzuklären gedenke. Von dem Vorwurf eines lediglich technologischen Interesses ausgehend ließ sich schnell die Brücke zur Schul- und Gesellschaftskritik herstellen. Heute sind solche Vorwürfe kaum noch zu hören, da sich die Arbeitsfelder der Lehr-Lern-Forschung über das rein kognitive Lernen deutlich erweitert haben und auch das Methodenspektrum deutlich in Richtung auf qualitative Verfahren geöffnet worden ist. Gleichwohl besteht die erkennbare Tendenz, dass im Zuge der weiteren Spezialisierung und Verfeinerung von Fragestellungen und Methoden die Lehr-Lern-Forschung immer mikroskopischer wird – wohingegen der Blick der handelnden Lehrer auf ihr Feld natürlich großräumiger und ganzheitlicher ist.

Umgekehrt ist natürlich auch auf die Kritik der Lehr-Lern-Forschung an den Konzepten der Allgemeinen Didaktik hinzuweisen. Solche Allgemeinen Didaktiken sind nicht aus empirischer Forschung entstanden, sondern weitgehend im Kontext von Lehrerbildung, d. h. auf der Basis von Praktikerwissen. Als Ausbildungskonzepte sind sie normativ orientiert und haben eine bestimmte Funktion im Rahmen beruflicher Erst-Sozialisation; böse Zungen behaupten, sie seien lediglich ›Stoff‹ für Lehramtsprüfungen. In der Vergangenheit haben sich diese allgemeindidaktischen Positionen kritisch aneinander abgearbeitet – ohne dabei jedoch immer in der nötigen Weise den Bezug zur empirischen Wirklichkeit des Unterrichts selbst zu suchen. Untersuchungen über das planende und unterrichtende Handeln von Lehrern haben etwa gezeigt, dass die allgemeindidaktischen Konzepte für erfahrene Lehrer kaum noch eine Rolle spielen.

So viel in einem ersten Zugriff zum Verhältnis von Allgemeiner Didaktik und Lehr-Lern-Forschung. Ich hoffe, etwas Licht in die Familienverhältnisse gebracht zu haben: Beide Bereiche haben als Gegenstand Lehren – Lernen – Unterricht. Das drückt den hohen Verwandtschaftsgrad aus. Die geschwisterlichen Differenzen werden deutlich, wenn man die Aufgaben und institutionellen Einbettungen sieht: Allgemeine Didaktik ist fest verknüpft mit der Lehrerbildung und zwar in normativer wie operativer Hinsicht; Lehr-Lern-Forschung ist fest eingebettet in pädagogisch-psychologische Forschung. Allgemeine Didaktik strebt die Handlungsfähigkeit angehender Lehrer an – und bemüht sich in diesem Kontext auch um das Einbringen von Forschungsergebnissen in ihren Aufgabenbereich; Lehr-Lern-Forschung strebt empirisch gesicherte Erkenntnisse und am Ende Theoriebildung über die Voraussetzungen, Prozesse und Wirkungen von Lehr-Lern-Prozessen an, die sie in einem zweiten Schritt auch für Lehreraus- und -weiterbildung fruchtbar zu machen versucht. Auf diese Weise könnten und sollten sie sich in gewisser Weise sogar ergänzen; de facto ist dies zum gegenwärtigen Zeitpunkt jedoch nicht oder nur in Ansätzen der Fall.

4. Unterrichtsmethoden: Konzepte, Entwicklung, Forschung

4.1 Was sind Unterrichtsmethoden?

Wie soll ein Lehrer im Unterricht vorgehen? Auf welche Weise soll er den Lern- und Erarbeitungsprozess der Schüler unterstützen? In welcher Verbindung steht die zu vermittelnde bzw. zu erarbeitende Sache mit der Art und Weise, wie ein Lehrer den Prozess der Vermittlung bzw. Erarbeitung strukturiert? Welche Art der Unterstützung ist für welche Schüler die vorteilhafteste? Und was heißt hier ›Vorteil‹? Wie groß ist überhaupt der methodische Spielraum, den die Realität der Schule und der Alltag des Unterrichtens dem Lehrer bieten? Wie kombiniert man als Lehrer die verschiedenen Einzelelemente des Unterrichtens (Darbieten, Erklären, Zeigen, Fragen, Nachdenken lassen, Überraschen, Erzählen, Vorführen, Wiederholen, Entdecken lassen, Loben, Tadeln, Bestrafen, Begeistern, Vormachen, Üben lassen etc.) zu einer stimmigen und angemessenen methodischen Figur? Und was ist eigentlich das Maß, das man anlegt, wenn man die Angemessenheit eines methodischen Vorgehens erkennen und beurteilen will?

Solche und ähnliche Fragen richten sich auf die Methoden des Unterrichts; den gesamten Komplex der hierauf bezogenen begrifflichen Klärungen, theoretischen Ansätze, empirischen Forschungsbemühungen, operativ gemeinten Handlungsanweisungen, lehrbuchartigen Darstellungen etc. kann man unter die Überschrift »Methodik des Unterrichts« bringen. Für eine erste Annäherung mag es hinreichend sein, sich vor Augen zu halten, dass bei »Methodik« die Frage nach dem »Wie?« der Gestaltung von (schulischen) Lehr-Lern-Prozessen im Mittelpunkt steht, wohingegen die Fragen nach dem »Was?« des Unterrichtens in aller Regel eher um den Begriff der »Didaktik« herum gruppiert werden. Aber bereits bei diesem sehr einfachen Schema (Was? – Wie?) beginnen die Probleme, und zwar nicht zuletzt deshalb, weil man beiden Fragen die Frage nach dem »Wozu?« voranstellen muss. Aber Probleme ergeben sich auch aus dem Begriffsumfang: Hat man ein sehr weites Verständnis von Methodik oder Didaktik, dann ist das jeweils andere immer schon eingeschlossen. Will man beide Begriffe bzw. das mit ihnen Gemeinte säuberlich voneinander trennen, so zeigt sich im Weiteren, dass dies sowohl analytisch als auch beim Blick auf die Unterrichtswirklichkeit gar nicht so leicht ist bzw. beide zunächst mühsam getrennte Wortfelder bzw. Sachverhalte doch immer wieder aufeinander verweisen. (Einführend zum Themenkreis Unterrichtsmethoden vgl. Meyer 1987; Bönsch 1991; lexikalisch Peterßen 1999).

Eine weitere Komplikation entsteht dadurch, dass nicht nur der Lehrer Methoden anwendet: Auch die Schüler sollen Methoden erlernen und anwenden, und zwar nicht nur Methoden oder formale Fähigkeiten, die gewissermaßen einen Lern*inhalt* darstellen (z. B. eine Gleichung auflösen, ein Gedicht interpretieren, eine Statistik auswerten können). Sie sollen darüber hinaus in einem anspruchsvolleren Sinn Methoden der Organisation und Beobachtung des *eigenen* Lernprozesses erwerben, um im Lernen zunehmend unabhängig von einer äußeren Unterstützung durch die methodische Arbeit eines Lehrers zu werden.

Eine präzise begriffliche Kennzeichnung des Begriffs der »Methode« ist schwierig, weil er in sehr vielen unterschiedlichen Kontexten benutzt wird: Methode gibt es irgendwie überall. Immer ist damit jedoch eine bestimmte *Art und Weise des Vorgehens* gemeint, wobei der Begriff »Vorgehen« ruhig auch wörtlich, d. h. im Sinne von »vorgehen« genommen werden kann: Mit »Methode« ist nämlich üblicherweise der Weg zu einem Ziel gemeint (griech. *méthodos* ›Weg zur Erreichung eines Ziels‹). Man will etwas Bestimmtes erreichen (einen Ort, einen Zustand, eine Erkenntnis, ein Ergebnis materieller oder immaterieller Art) und um dies zu schaffen, wendet man bestimmte Methoden an oder aber erfindet neue. Die Weg-Ziel-Metapher ist auch und gerade in pädagogischen Kontexten weit verbreitet, da Erziehung und Bildung vielfach als Prozesse vorgestellt werden, die nicht blindlings und ungerichtet, sondern mit einer bestimmten Absicht, also intentional und auf zu erreichende Ergebnisse (Ziele, Produkte) gerichtet durchgeführt werden. Was man wie genau erreichen will und wie scharf man den Weg dorthin markiert und abschreitet, ist dabei noch durchaus offen – aber in jedem Fall braucht man eine Methode. Und auch wenn ›der Weg das Ziel ist‹, hat man ein Ziel: die Erfahrung des Weges.

Die Weg/Ziel-Metaphorik entspricht auch noch einem anderen Bild, das im Zusammenhang mit Methode gern gebraucht wird: dem Bild der Begegnung, welches dazu herangezogen wird, um pädagogische Prozesse und ihren sehr speziellen Charakter, ihren speziellen Wirkungsmodus zu beschreiben: Lehrer und Schüler »begegnen« sich und beeinflussen sich auf eine komplexe, häufig undurchschaute Weise. Aber nicht nur Schüler und Lehrer begegnen sich: Es begegnen sich auch Schüler und Lerninhalte. Dem Schüler »begegnen« die vielfältigsten Lerninhalte auf seinem Weg durch die Schule, und jede dieser Sach-Begegnungen kann die unterschiedlichsten und unüberschaubarsten Folgen haben, Folgen, die man neutral mit Lernen, unter bestimmten Bedingungen aber emphatisch mit Bildung bezeichnen kann. In einem solchen bildungstheoretischen Sinn besteht die methodische Aufgabe des Lehrers darin, diese Begegnungen zu Stande zu bringen und möglichst nachhaltig im Sinne des Bildungsauftrags der Schule zu gestalten.

Ziele, Inhalte, Methoden – eine solche begriffliche Schematisierung von Lehren und Lernen basiert auf der Annahme, dass Ergebnisse erreicht, Inhalte vermittelt, Lernen organisiert werden können. Hinsichtlich dieser grundlegenden Intuition oder Denkvoraussetzung stehen sich jedoch zwei Auffassungen gegenüber: eine *produktionistische*, bei der die Legitimität und die Möglichkeiten der Erzeugung der gewünschten Ergebnisse als unproblematisch gilt, und eine *skeptische*, die von einem eher unbestimmten Zusammenhang zwischen Absicht und Wirkung ausgeht, diese Gebrochenheit aber für das eigentliche und positive Kennzeichen der pädagogischen Ambition hält.

Unterrichtsmethode als Begriff bezeichnet die vom Lehrer ausgewählte und praktizierte *Prozessstruktur des Unterrichts*, die Art und Weise, wie der Konnex von Lehren und Lernen im Kontext von Schulunterricht bzw. von Schule als Institution organisiert ist. Methodenfragen sind Verfahrensfragen. Dabei verweist die Art und Weise der Herstellung der Verbindung von Lehren und Lernen auf verschiedene andere Bereiche oder Probleme, zuallererst aber auf die Sache, die vermittelt werden soll. Insofern ist mit Methodik die *prozessuale Seite* des Unterrichts gemeint, die aber nur verwirklicht wird, wenn die *materiale Seite,* die Lerngegenstände, Lernaufgaben also, immer schon hinzu gedacht werden. Ohne Inhalte bleibt der Prozess leer. Damit kommt z. B. die Lehrplan- und Fächerstruktur der Schule massiv mit ins Spiel. Sicherlich lassen sich bestimmte methodische Grundformen in allen Fächern umsetzen, aber letztlich ist die Methodenauswahl und Methodenwirkung im Einzelnen jedoch stark von der Fachlichkeit, der inhaltlichen Seite geprägt.

4.2 Zur Methodenpraxis im Unterricht: Realitäten

Zur Praxis des Methodengebrauchs in Schulen weiß man, auf breiter Basis und gestützt auf empirische Forschung, eigentlich recht wenig. Dieses Manko wird kompensiert durch ein überaus breit gestreutes und weit verbreitetes Alltagswissen über das, was Unterricht ist und wie es in ihm zugeht: Alle Mitglieder unserer Gesellschaft haben jahrelang Unterricht erlebt, Lehrerinnen und Lehrer z. T. jahrzehntelang. Dieses breit verteilte Alltagswissen ersetzt auf praktischer Ebene die Ergebnisse methodisch gewonnenen empirischen Wissens; es erzeugt darüber hinaus auch eine unausgesprochene breite Verständigungsbasis: Jedermann weiß aufgrund eigener Teilnahme schon immer, was Unterricht ist und wie es in Klassenzimmern zugeht.

Und in der Tat ist Unterricht von außen und in wissenschaftlicher, also: distanziert-analytischer Fragehaltung nur schwer zu beobachten. Klassenzimmer sind in gewisser Hinsicht sakrosankte Orte. Unterrichten scheint eine Art intimes Geschehen zu sein, welches durch Beobachtung von außen schnell gestört, wenn nicht zerstört werden kann. Die Geschütztheit des Klassenzimmers wird auch dadurch deutlich, dass das Schulrecht hohe Hürden aufrichtet, bevor man als Beobachter in den Unterricht darf. Auf informeller Ebene schützen viele ungeschriebene Regeln der Kollegialität einen einzelnen Lehrer vor der Zudringlichkeit seiner Kollegen. Gleichwohl sind im *beschreibenden* Sinn einige wissenschaftliche Erkenntnisse aus der empirisch-quantitativen Unterrichtsforschung über die Unterrichtswirklichkeit, genauer: über die Praxis der methodischen Steuerung des Lehr-Lern-Prozesses im Klassenzimmer bekannt. Auf vier Beispiele für Beschreibungen soll im Folgenden eingegangen werden:

(1) *Die Methodenpraxis in Sekundarschulen*: Als zentrales Ergebnis einer Untersuchung aus dem Jahre 1982 konnten Hage u. a. (1985) auf der Basis der sehr differenzierten Beobachtung und Kategorisierung von 181 Unterrichtsstunden (von 88 Lehrern) an »willkürlich« ausgewählten Schulen der *Sekundarstufe I* (Hauptschulen, Gesamtschulen und Gymnasien) einen eindrücklichen Be-

fund vorstellen: In 75–80 % aller beobachteten Fälle wurde »Frontalunterricht« praktiziert, wobei diese sehr gängige und normativ sowie emotional eingefärbte Sammelbezeichnung sich in dieser Studie auf folgendes Muster von Unterrichtsmerkmalen bezog: Der Unterricht war am formalen Ziel der Wissensvermittlung ausgerichtet, er fand vor einer vom Lehrer im Ganzen angesprochenen Schulklasse statt, der Lehrer dominierte eindeutig Inhalt und Verlauf des Geschehens, das ganze Geschehen fand im Rahmen verbaler Interaktion (»Unterrichtsgespräch«) statt, in deren Rahmen der Lehrer durchweg mehr als zwei Drittel aller Sprechanteile inne hatte. Angesichts dieses Ergebnisses konnten die Unterschiede zwischen den Schulformen nur marginal und sehr tendenziell sein, aber trotzdem identifizierbar: Das Gymnasium ist demgemäß dann eher die Schule des »gelenkten Sachdialogs«, die Hauptschule die Schule der »gelenkten Beschäftigung«, und die Gesamtschule nimmt eine Art Mittelstellung ein (»gelenkter Diskurs«). Überall wird stark gelenkt. Auf andere Formen stieß die Forschungsgruppe nur äußerst selten: Gruppenunterricht 7,5 %; selbstständige Schülertätigkeit 4,3 %, Diskussion 1,9 %. Statt einer von schulpädagogischer Seite immer wieder empfohlenen Methodenvielfalt muss man, diesem Befund zufolge, in der durchschnittlichen Realität des Unterrichts eindeutig von einer Überdominanz *und* Monotonie des frontalunterrichtlichen Verfahrens ausgehen.

(2) *Die Methodenpraxis an Grundschulen:* Vielfach wird ja der Eindruck kolportiert, dass es zumindest in der Grundschule auf breiter Front einen methodischen Wandel hin zu mehr Schülerorientierung, »Offenheit« und innerer Differenzierung gegeben hat. Hierfür mag eine Rolle spielen, dass publiziertes Material fast immer nur aus reformorientierten Grundschulen vorliegt bzw. eben genau solche Grundschulen die Öffentlichkeit suchen. Empirische Untersuchungen, die sich bei dieser Schulstufe

stark auf die Frage konzentrieren, wie weit eigentlich die Form des »offenen Unterrichts« verbreitet ist, ergeben ein anderes Bild: »Über die verschiedenen Erhebungen zeichnet sich also ab, dass etwa oder sogar unter 10 % der LehrerInnen ihren Unterricht tiefgreifend öffnen und dass dieser Anteil allenfalls dann auf 20–30 % oder noch höher steigt, wenn man die Ansprüche entsprechend geringer ansetzt [...]. Was täglich stattfinden soll, findet in der Regel nur wöchentlich statt; was wöchentlich stattfinden soll, findet eher monatlich statt [...]. Die Daten zeigen, dass die Differenz zwischen Anspruch und Wirklichkeit nicht abnimmt, wenn LehrerInnen in kleineren Klassen unterrichten« (Brügelmann 2002; vgl. ähnlich Hanke 2005). So gesehen scheint es mit der Umstellung des Grundschulunterrichts auf breiter Front und in Richtung auf »offenen Unterricht« nicht besonders weit her zu sein. Dies ist jedoch letztlich nur eine ›negative‹ empirische Erkenntnis: Man weiß, was in welchem Ausmaß *nicht* gemacht wird, weiß aber noch nicht oder doch zumindest nicht genau, welche methodischen Muster denn nun statt des offenen Unterrichts tatsächlich in der Breite angewendet werden.

(3) *Methodenpraxis im mathematisch-naturwissenschaftlichen Unterricht:* Die technischen Möglichkeiten digitalisierter Videographie eröffnen heute ein völlig neues Niveau der Aufnahme und (computergestützten) Analyse von Unterrichtsdokumenten. Im Rahmen des von der Deutschen Forschungsgemeinschaft geförderten Schwerpunktprogramms »Bildungsqualität von Schule« werden mehrere Projekte gefördert, die sich mit der Unterrichtspraxis und dem Methodengebrauch im (Mathematik- und Physik-)Unterricht beschäftigen. Die Physik-Studie (Seidel/Prenzel u. a. 2006), bei der 178 Physikstunden der 7., 8. und 9. Jahrgangsstufe standardisiert aufgezeichnet, analysiert und ausgewertet wurden, kam zu folgender zusammenfassender Beschreibung: Physikunterricht ist vorwie-

gend »lehrerzentriert«, er ist in der Sekundarstufe I »im
überwiegenden Maße als Demonstrationsunterricht angelegt, (der sich) folgendermaßen charakterisieren (lässt):
Physikalische Inhalte werden im Klassengespräch erarbei-
tet, physikalische Phänomene meist durch Demonstrati-
ons-, selten durch Schülerexperimente veranschaulicht.
Der naturwissenschaftliche Zugang ist vorwiegend induk-
tiv. Kaum vorzufinden ist das eigenständige Experimentie-
ren auf der Basis eigener Planung oder einer selbst entwickelten Fragestellung. Die üblicherweise gewählten Arbeitsformen schränken die äußeren Lernaktivitäten der
Schülerinnen und Schüler vorwiegend auf rezeptive Verarbeitung ein. [...] Die Ergebnisse der Videoanalysen zeigen,
dass in den untersuchten Physikstunden Ziele so gut wie
nie expliziert wurden. [...] So zeigte sich [...], dass Lehrkräfte das Klassengespräch mit 80 Prozent Beteiligung do-
minierten. Betrachtet man die Fragen bzw. Impulse der
Lehrkräfte an die Lernenden, dann handelt es sich vorwiegend um Reproduktionsfragen (80 Prozent der Fälle). In
nur 5 Prozent der Fälle verlangten die Fragen eine Verknüpfung verschiedener physikalischer Inhalte (›deep rea-
soning‹-Fragen). Rückmeldungen an die Lernenden im
Klassengespräch bestanden größtenteils in kurzen ›ja/
nein‹-Äußerungen der Lehrkraft (88 Prozent der Rückmeldungen). Sachlich-konstruktive oder positiv unterstützende Rückmeldungen kamen nur in 12 Prozent der
Rückmeldungssituationen vor. Die Funktion der Schüler-
äußerungen in der Interaktion mit Lehrkräften beschränk-
te sich überwiegend darauf, Stichworte für den weiteren
Gesprächsverlauf zu liefern (90 Prozent der Fälle). [...]
Das Gesamtbild des Physikunterrichts in Deutschland
wird somit durch einen vorherrschenden Demonstrationsunterricht mit relativ hoher Strukturiertheit und deutlicher Engführung eines kollektiven Lernens im Klassen-
verband geprägt« (ebd., S. 805, 806, 808).
    (4) *Die Realität des sprachlichen Austauschs im Unter-*

richt: Hinsichtlich der sehr kleinen Einheiten des sichtbaren unterrichtlichen Prozesses ist die quantitative wie qualitative Forschung seit Jahrzehnten und in allen Ländern auf ein interaktives Grundmuster gestoßen, das aus dem wiederkehrenden Dreischritt Lehrerimpuls – Schülerreaktion – Lehrerreaktion, Lehrerimpuls – Schülerreaktion – Lehrerreaktion usw. besteht, in der Forschung auch IRF-Sequenzen genannt (*I*nitiation – *R*eaktion – *F*eedback). Bei diesem Muster steht sprachlicher Austausch bei weitem im Vordergrund, er kann aber auch gestische oder mimische Elemente beinhalten. In der Klassensituation (25–35 Schüler) bedeutet dies zudem, dass der Lehrer häufig über 70 % Sprechanteil hat; dies gilt nachweislich auch für den Fremdsprachenunterricht (zur sprachlichen Interaktion im Unterricht vgl. Lüders 2003; Wuttke 2005). Die Mikrostruktur besteht also aus einzelnen Sprachhandlungen der Beteiligten (›Atome‹), die durchgängig in dieser dreigliedrigen Struktur der IRF-Sequenz angeordnet sind. Man könnte sie die ›Moleküle‹ der verbalen Interaktion im Unterricht nennen. Aus der Addition und Strukturbildung dieser kleinsten Einheiten entsteht das beobachtbare, sprachlich-kognitive Gewebe des Unterrichtsprozesses.

Die Zeitmuster innerhalb solcher einzelnen Einheiten können unterschiedlich sein (kurze Aktionen bzw. Reaktionen versus längere Sprechakte und kurze Reaktionszeiten versus längere Wartephasen). Die Moleküle gruppieren sich dabei zu größeren instruktionalen Einheiten, die ebenfalls eine Art Standard-Phasenmuster einer Unterrichtstunde bilden: Wiederholung und Anschluss an Vorheriges, Einführung und Darstellung eines neuen Inhalts, Erarbeitung und Ausdifferenzierung seiner Elemente, Einübung und Festigung der zentralen Elemente und vermittelnden Einsichten, Anwendung des Gelernten und gegebenenfalls Übertragung auf andere, breitere Bereiche. Solche Einheiten können zeitlich unterschiedlich weit gestreckt werden und in unterschiedlichen Formen ablaufen:

als lehrerzentriert-darbietende Formen, die zu einem auf-
nehmenden Lernen führen; als Gruppenunterricht, in dem
neben Inhaltslernen auch soziale Kooperationsfähigkeit
gefördert wird; als projektartiger Unterricht, der sich an
Problemen festmacht und zu eigenständigen, auch praktisch bedeutsamen Lösungsversuchen der Schüler führen
soll etc. Die Kumulation dieser größeren Einheiten füllt
die Schulfächer aus, und diese Fächer füllen am Ende einen schulischen Bildungsweg aus, aus dem heraus fachliche und fachübergreifende Bildung entsteht. Lehrer wie
Schüler müssen sich an diese Muster-Struktur gewöhnen
und dabei den stark didaktisierten, eigentlich ›unnatürli-
chen‹ verbalen Austausch im Klassenzimmer als quasi-
authentisch ansehen und ihn möglichst gemeinsam voran-
treiben. Ist dies gegeben, entsteht aus der Mikro-Makro-
Struktur des sprachlichen Austauschs Unterricht, aus
Unterricht Lernen und am Ende aus beidem hoffentlich:
Bildung.

4.3 Theoriegeschichte der Unterrichtsmethode: Ideen und Ideale

Schon immer wurden bei der Unterrichtung oder Unterstützung anderer Menschen geeignete Methoden eingesetzt, um das Aufnehmen der Mitteilung, Anregung oder
Anweisung, kurzum: um das Lernen des anderen zu unterstützen. Denn der Lehrende will auf diese Weise ein an-
gestrebtes Ergebnis auch tatsächlich erreichen. So bringt
Sokrates durch geschicktes Fragen einen jungen Sklaven
dazu, aufgrund eigener Denkanstrengungen allmählich
folgende Aufgabe zu lösen: aus einem Quadrat von zwei
Fuß Seitenlänge ein Quadrat mit der doppelten Fläche zu
zeichnen. Diese von Platon in seinem Menon-Dialog ge-
schilderte und an sich sehr vieldeutige, aber gleichwohl
(oder eben deshalb?) wahrlich klassische didaktisch-me-

thodische Urszene wird in der pädagogischen Literatur und bei einer bestimmten Deutung immer wieder bemüht und soll die wohl vornehmste und edelste Form methodischen Handelns verdeutlichen.

Obwohl wir letztlich zwar nicht allzu viel Sicheres darüber wissen, sahen die Realitäten des Elementarschulunterrichts in der Antike jedoch sehr viel anders aus. Beim Erlernen der Kulturtechniken war es das Grundmuster des Vormachens/Nachmachens, welches den gänzlich unpsychologischen ›Unterricht‹ bestimmte – verbunden mit drakonischen Körperstrafen, um die Schnelligkeit und Genauigkeit des Nachmachens zu erhöhen. Auch die im Mittelalter zunächst nur in klösterlich-kirchlichen Kontexten weitergeführte schulische Bildung war in der Praxis vom Prinzip ›Vormachen/Nachmachen‹ bestimmt; in der Antike wie im christlichen Mittelalter war die Wahrheit im Prinzip bekannt, definiert, niedergelegt und musste (und durfte!) nur nachvollzogen und ausgelegt werden. Die eher weltlichen Rats- und Stadtschulen des hohen und späten Mittelalters folgten hinsichtlich der ›Methode‹ ebenfalls noch diesem Muster – Vorstellungen von einer bestimmten Psychologie des Lernens und einer daran anschließenden schülergerechten Methodik waren den Schulhaltern wohl eher fremd. – Im Folgenden sollen exemplarisch einige der bekannteren Ansätze aus der Geschichte der Unterrichtstheorie *kurz und in ihren Vorstellungen zur Methodik des Unterrichts* skizziert werden (Quellentexte zur Didaktik und Methodik finden sich bei Müllges 1986 und Baumgart u. a. 2005; vgl. auch Scholz 2005). Dabei ist zu berücksichtigen, dass diese Ideen faktisch noch nichts über die Realitäten des durchschnittlichen zeitgenössischen Unterrichts aussagen.

Die Geburtsstunde von Didaktik und Methodik, sprich: einer Intellektualisierung und Theoretisierung des unterrichtlich verfassten Lehrens und Lernens in Schulen – schlug im Zeitalter des Barock. *J. A. Komenský (Comeni-*

us, 1592–1670) und *W. Ratke* (*Ratichius*, 1571–1653) ent-
falteten einige Wirkung in der Gelehrtenwelt und auch im
Bereich der allmählich – noch im kirchlichen Kontext –
entstehenden Schule des frühabsolutistischen Staates. Hinsichtlich der Methoden des Unterrichts gingen beide
Theoretiker davon aus, dass die zu lehrenden Sachen »der
Natur gemäß« der Sprache vorgängig sind und dass der
Unterricht in der Muttersprache (und nicht in Latein) gehalten werden soll. Die Vorstellung, dass man das Lehren
methodisieren und institutionalisieren muss, damit Lernen, Weisheit und Ordnung sich allgemein ausbreiten,
diese barocke Vorstellung verknüpft sich mit Modernisie-
rungs- und Herrschaftsinteressen des frühen absolutisti-
schen ›Staates‹. Mit der *Großen Didaktik* des Comenius
liegt ein Werk vor, das intellektuell zwischen alter und
neuer Welt vermittelt und lange Zeit wichtige Orientie-
rungen für ein – damals – modernes Schul- und Unter-
richtsregiment bot.

Im Werk *Joh. H. Pestalozzis* (1746–1827), vor allem
aber in der Rezeption seines Werkes, spielte Methode und
die Methodisierung des Elementarunterrichts eine ganz
zentrale Rolle. Während seine Philosophie der Erziehung
eine stark gemütvoll-romantische Orientierung hat, wirken seine Vorstellungen zur Methode des Elementarunterrichts – aus heutiger Sicht – ungewöhnlich mechanisch
und sinnentleert; es gibt Hinweise darauf, dass man so gar
nicht unterrichten kann. Zwar wollte er – wie andere Didaktiker auch – den natürlichen Gang und die unmittelbare Anschauung zur Basis des Unterrichts bzw. des Lernens machen. Gleichwohl wird dann Anschauung zerlegt:
Die elementarsten Mittel des Unterrichts sind Zahl, Form
und Wort. Gleichwohl wurden an Pestalozzis »Methode«
– oder was »Pestalozzianer« (z. B. F. Fröbel, G. F. Dinter,
F. Diesterweg u. a.) jeweils dafür hielten – gewaltige, weit
gespannte Hoffnungen auf die Verbesserung von Volks-
schulunterricht und Volksbildung generell geknüpft.

Sehr folgenreich und im doppelten Sinn schule-bildend für die Didaktik und Pädagogik waren die auf Erziehung, Unterricht und Lernen bezogenen Werke des Philosophen und Pädagogen *Joh. Fr. Herbarts* (1776–1841). Er hat selbst nie eine öffentliche Schule besucht und seine pädagogischen und didaktischen Erfahrungen als Hauslehrer gesammelt. Stark vom Rationalismus geprägt, hat er ein sehr analytisches, tief gehendes Vorstellungsmodell über den Lernprozess und seine Unterstützung durch den Lehrer entwickelt. Systematischer Unterricht ordnet die zufälligen und unzusammenhängenden Erfahrungen des Kindes; seine Interessen werden durch Unterricht vielseitiger, zugleich werden Charakter und die Sittlichkeit gebildet (Einheit von Unterricht und Erziehung). Im Wechselspiel von Vertiefung auf einen Sachverhalt und Besinnung über die am Sachverhalt gewonnen Erfahrungen eignet sich der Lernende in geordneter Weise neues Wissen an und arbeitet es in seinen bereits vorhandenen Gedankenkreis ein, der sich damit aber auch weiter ausdifferenziert. Klarheit, Assoziation, System und Methode sind die Stichworte, die die immer wiederkehrende Schrittfolge der geordneten angeleiteten Erfahrungsbildung und -ausdifferenzierung im geistigen und moralischen Sinn beschreiben.

Während Herbart eine Theorie des erziehenden Unterrichts erschafft, die sehr stark auf die Individualität des einzelnen Schülers abgestimmt ist und so gesehen jeder »Knabe« von einem (Haus-)Lehrer individuell unterrichtet werden muss, ist sein Ansatz zur Grundlage für eine der ersten, auf den Lehrerberuf bzw. das Unterrichten bezogenen berufswissenschaftlichen Fundierungen geworden: Vor dem Hintergrund einer zunehmenden Institutionalisierung der Lehrerbildung (für die Volksschullehrer wie für die Gymnasiallehrer) entwickelte sich der *Herbartianismus;* die bei Herbart angelegten Elemente wurden von den Herbartianern (W. Rein, T. Ziller u. a.) und ande-

ren Schulmännern stark in Richtung auf das staatliche
Pflichtschulsystem, den Klassenunterricht, eine strenge
methodische Führung und deren Erlernen in der Lehrerbildung hin aus- und umgedeutet. Hinzu kam eine sehr
starke »sittliche Erziehung« mit religiös-konfessioneller
Einbettung. Die Inhalte und ihr eigener Sachanspruch
ebenso wie die Individualität und Eigentätigkeit der Schüler erschienen als unwichtige Randbedingungen; die genaue Einhaltung des Methodenschematismus, in den es
jede Sache und jedes Lernen zu bringen galt, in Verbindung mit strenger Schuldisziplin, wurde zum schulpäda-
gogisch-didaktischen Leitmotiv. Gleichwohl: Die Systeme
des Herbartianismus leisteten einerseits einen wichtigen
Beitrag zur intellektuellen Durchdringung und Fundierung des Lehrerhandelns; sie waren jedoch zugleich stark
geprägt durch die Erziehungs- und Unterrichtsvorstellun-
gen und durch die faktische Gewalt der äußeren Schul-
und Unterrichtsverhältnisse in der zweiten Hälfte des 19.
Jahrhunderts, indem sie ein sehr rigides, institutionenkon-
formes, moralisch enges Gerüst für die Unterrichtstätigkeit des Lehrer etablierten. Die berühmt-berüchtigten
Formalstufen – eine Sequenz von Schritten, die es in allen
Stunden einzuhalten galt – hat vielen Lehrern eben auch
Sicherheit gegeben. Die Auswirkungen des Herbartianismus ragten weit in das 20. Jahrhundert hinein.

Insofern bedeuteten die *reformpädagogischen Strömun-
gen* seit der Wende zum 20. Jahrhundert keinesfalls eine
auf breiter Front erfolgende Abkehr vom methodischen
Schematismus der Herbartianer, sondern formulierten sich
zunächst bewusst als zwar punktuelle, aber tatsächliche
Alternative zum staatlichen Pflichtschulsystem und seinem Unterrichtsregime. Reformpädagogische Vorstellungen und die dementsprechend freiere, kindzentriertere
Methodik (vgl. Ipfling 1992) gewannen erst in der Weima-
rer Republik einen breiteren Raum im staatlichen Schulsystem. Im Umkreis reformpädagogischer Schulexperi-

mente erfand man nicht zunächst eine Neue Theorie des Unterrichts und seiner Methode; es war vielmehr umgekehrt: Man lebte gewissermaßen eine ›neue Erziehung‹, baute eine ›neue Schule‹ auf, um dann in der Reflexion darauf der vorgängigen Praxis im Nachhinein gegebenenfalls eine Theorie zu schreiben. Ganz im Sinne von Kulturkritik, Lebensreform, neu entstehender Kinderpsychologie streifte man alles Mechanische, alles Vorschreibende ab und organisierte Unterricht als zwar noch angeleitete, aber letztlich doch möglichst freie geistige Tätigkeit. Es ging um eigenständiges Lernen, um Selbsttätigkeit und Entdeckerfreude der Kinder, um Kräfteschulung, um wechselseitiges Helfen der Schüler, um Gemeinschaft als Erziehungs- und Unterrichtsprinzip, um die Ermöglichung originaler Erfahrung, um die Förderung der natürlichen Neugier der Kinder, um ein möglichst notenfreies Lernen ohne Druck und Lehrerwillkür. Die reformpädagogischen Arbeitsformen akzentuierten sehr stark den Wert dieser neuen, kindgerechten Methodik des Lernens – in gewisser Weise ähnlich wie im Herbartianismus mit seinem allerdings entgegengesetzten Methodenverständnis, trat der immanente Anspruch der Inhalte, der Sachen in den Hintergrund.

Vor diesem Hintergrund sind dann im Laufe des 20. Jahrhunderts die traditionellen und aktuellen Theorien und Modelle der Didaktik entstanden, die im vorangegangenen Kapitel geschildert worden sind.

4.4 Dimensionen der Definition von Unterrichtsmethode: Systematik

Das um die Bezeichnung »Methodik des Unterrichts« herum gruppierte Begriffsfeld bzw. Feld von Sachverhalten ist äußerst breit, in sich differenziert und hinsichtlich des Gebrauchs der vielen Ober- und Unterbegriffe sehr uneinheitlich. Überboten wird die Uneinheitlichkeit des Begriffsgebrauchs noch durch die Vielzahl der miteinander konkurrierenden Systematisierungsversuche. Insofern müsste eigentlich – streng genommen – eine babylonische Sprachverwirrung herrschen. Diese wird in der wissenschaftlichen Diskussion, aber auch in Gesprächssituationen des Lehreralltags vermieden, indem man sich auf eher einfache, eingespielte Bezeichnungen und Gegenüberstellungen bezieht, die häufig Signalcharakter haben. Im Übrigen wird auch in diesem Redekontext nicht immer nachgefragt, was der Gesprächspartner denn nun genau meint.

Zum einen existieren Unterschiede des Begriffumfangs: Ein sehr enger Begriff von Unterrichtsmethode bezeichnet dann nur die einzelnen, isolierbaren Handlungsweisen des Lehrers (Erklären, Fragen, Zeigen, Bewerten etc.) als Methoden, eine sehr weite Begriffsverwendung bezeichnet methodische Großformen wie Klassenunterricht, Projektunterricht, Gruppenunterricht etc. als Unterrichtsmethoden. Zum Zweiten existieren in unterschiedliche Richtungen gehende Akzentuierungen des Begriffs Unterrichtsmethode. Abb. 11 verdeutlicht die Dimensionen der Definition von Unterrichtsmethode.

Unterrichts-/Lernziel   Lerngegenstand/Inhalte

Dimension   Dimension
»Zielerreichung«   »Sachbegegnung«

                    Unterrichts-
                    methode

Dimension   Dimension
»Lernhilfe«   »Rahmung«

Schüler/Lernender   Institution Schule

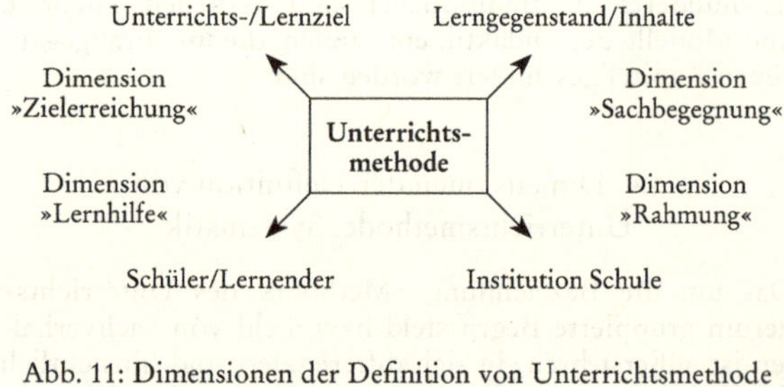

Abb. 11: Dimensionen der Definition von Unterrichtsmethode
(nach: Terhart 2005, S. 26)

(1) *Dimension »Zielerreichung«:* Hiermit wird der Einsatz von Methode als Mittel zur Erreichung vorgestellter Unterrichts- oder Lernziele betont. Methoden sind Mittel zur Zielerreichung, die möglichst rational zu kalkulieren und einzusetzen sind. Die Gefahr dieser zielbezogenen Akzentuierung liegt in einem Verständnis von Methode als Neutrum sowie in einer Reduktion von Methode auf rein technische Belange. Demgegenüber verlangt die Tatsache Beachtung, dass Methoden selbst bereits normative Implikationen in sich tragen und insofern nur mit bestimmten Zielen harmonieren. Bei einer zielbezogenen Akzentuierung von Unterrichtsmethode gewinnt die Herleitung und Begründung der vorgestellten Unterrichts- und Lernziele eine ganz zentrale Bedeutung, ebenso die Frage nach der Herstellung einer Passung von Zielen und Methoden. Ungeeignete Methoden lassen angestrebte Ziele unerreichbar werden; tatsächlich praktizierte Methoden sind immer schon mit bestimmten Wirkungen verbunden.

(2) *Dimension »Sachbegegnung«:* Hier wird Unterrichtsmethode als vermittelnde Instanz zwischen lernendem bzw. aneignendem Subjekt und zu lernendem bzw. anzueignendem Objekt verstanden. Die »Begegnung« von Subjekt und Objekt wird als wechselseitige Bereicherung und »Erschließung« (Klafki) gedacht; dieses Methodenverständnis entspricht am ehesten bildungstheoretischem Denken. Dem Lehrer kommt die Aufgabe der methodischen Ermöglichung von bildenden Sachbegegnungen zu, wobei das Ausmaß der methodisierenden Zubereitung einer solchen Begegnung unterschiedlich hoch sein kann. Insofern das methodische Arrangieren von Sachbegegnungen sowohl für das Lernsubjekt (Schüler, allgemein: nachfolgende Generation) wie auch für das Lernobjekt (Inhalte, allgemein: Kulturgüter) von hoher Bedeutung ist, weil beide gewissermaßen aneinander wachsen, kommt dem zur subjektiven wie objektiven Seite hin reflektierten und verantworteten methodischen Handeln des Lehrers eine

zentrale Rolle zu. Auf die Gefahren einer Vereinseitigung der Dimension »Sachbegegnung« ist jedoch auch vielfach aufmerksam gemacht worden: einseitige Unterordnung der Lernsubjekte unter die Lernobjekte. Methoden setzen also nicht einfach Sachen um – sie erschließen ausgewählte Sachen für die je besondere Schülergruppe. Insofern leiten sich Methoden nicht einfach aus den Sachen ab, sondern konstituieren diese Sache auf eine bestimmte Art und Weise in der Erfahrung der Schüler.

(3) *Dimension »Lernhilfe«:* Unter Betonung dieser Dimension wird Unterrichtsmethode als Lernhilfe, als Schaffung von möglichst günstigen Bedingungen für Lernen auf Seiten der Schüler verstanden. Der Lehrer arrangiert methodisch fordernde Umwelten für kognitives, soziales und moralisches Lernen. Diesem Verständnis von Unterrichtsmethode zufolge ist das Lehren zwar eine Bedingung, vielleicht sogar Voraussetzung für Lernen, diese Bedingung ist jedoch wiederum in Abhängigkeit von den Eigentümlichkeiten des Lernens der Schüler bereitzustellen. Insofern gewinnt hier die Lern- bzw. Unterrichtspsychologie eine große Bedeutung für die Unterrichtsmethode als Lernhilfe: der Grundgedanke aller so genannten »psychologischen Didaktiken«. Eine Gefahr liegt jedoch darin, Unterrichten unter Umständen vollständig als angewandte Lernpsychologie zu missdeuten. Die Hoffnung auf eine einfache Umsetzung von psychologischen Lerngesetzen ist jedoch durch die moderne Unterrichtspsychologie immer weiter zerstört worden: Für den Bereich des schulischen Lernens gibt es solche allgemeinen Lerngesetze nicht. Lernen ist grundsätzlich bereichs-, inhalts- und kontextspezifisch. Da es schließlich immer ein selbsttätig zu vollziehender Akt ist, wird der Nexus von Lehren und Lernen immer stärker aufgelöst (s. u.).

(4) *Dimension »Rahmung«:* Unterricht findet nicht in freier Begegnung von Lehrer, Sache und Schüler statt, sondern wird im Rahmen der Institution Schule und den damit

abgesteckten Bedingungen für Lehr-Lern-Prozesse durchgeführt. Durch Entscheidungen auf der Ebene der Institution Schule wird der Spielraum für Methodenentscheidungen auf der Handlungsebene bereits sehr stark eingegrenzt; hier wird über die wichtigsten Determinanten der Qualität des Schullernens entschieden. Innerhalb des damit gegebenen Rahmens haftet den Methodenentscheidungen des Lehrers der Geruch von Restfreiheit an. Eine Gefahr bei der Akzentuierung des »Rahmens« von Methodenentscheidungen liegt darin, die Tatsache der institutionellen Verfasstheit von Lehren und Lernen zum Anlass für Resignation zu nehmen bzw. den verbleibenden Spielraum auf der Handlungsebene gleich gänzlich zu leugnen.

Diese Strukturierung des Begriffsfelds »Unterrichtsmethode« leistet eine gewisse Systematisierung des unterrichtsmethodischen Begriffs- und Gegenstandsfelds. Alle vier Dimensionen sind für die Diskussion um Unterrichtsmethode wie auch für die unterrichtsmethodische Praxis von Bedeutung. Jede von ihnen hat ihr Recht; keine darf ausgeschlossen werden. Eine Vereinseitigung in Richtung auf nur einen dieser Akzente brächte die Gefahr einer Verkürzung des theoretischen Problemgehalts wie auch einer Engführung der methodischen Praxis mit sich. Prioritäten oder Primate sind nicht auszusprechen – außer in dem Sinn, dass das gesamte Unterrichts- und Bildungswesen einen bestimmten gesellschaftlich definierten wie bildungstheoretisch artikulierten Auftrag zu erfüllen hat und insofern alle weiteren Festlegungen im Methodischen sich an diesem Auftrag zu bemessen haben. Würde man eine solche Vorrangstellung des Bezugs von Methodenreflexion und Methodenpraxis auf allgemeine Ziele negieren, wäre jede Form einer bildungstheoretischen wie bildungspolitischen Auseinandersetzung um den Auftrag des Bildungswesens überflüssig, weil ohne Belang; die normative Kraft des jeweils Faktischen würde sich ungebrochen durchsetzen können.

4.5 Empirische Forschung zu Unterrichtsmethoden: Entwicklungen

Die empirische Erforschung von Unterrichtsprozessen hat im deutschsprachigen Raum auf breiterer Front erst in den 1960er Jahren im Zuge der Hinwendung der Pädagogik zu den empirischen Methoden (Beobachtung, Experiment, Befragung etc.) begonnen. Zwar konnte man auf eine frühere, schmale Tradition empirischen Vorgehens innerhalb der pädagogischen Forschung zurückgreifen; den entscheidenden Schub erhielt diese Tradition jedoch erst mit der Orientierung an theoretischen Konzepten, Forschungsmethoden und -techniken der quantitativen, psychometrisch arbeitenden empirisch-psychologischen Forschung zum Lernen und Lehren, wie sie in der amerikanischen Lern- und Unterrichtspsychologie schon zur damaligen Zeit üblich und dominierend waren. Diese Orientierung ist mittlerweile weltweit zu einer international üblichen Standardform der wissenschaftlichen Erforschung von Lehr-, Lern- und Unterrichtsprozessen geworden (als Übersichten über ältere Forschungsstände vgl. Einsiedler 1981 und Eickhorst 1994; zum aktuellen Stand vgl. die vierte Ausgabe des internationalen Standardwerks *Handbook of Research on Teaching*, Richardson 2001). Dabei weist die Rede von der Standardform schon darauf hin, dass eine ebenso lange Tradition von alternativen Forschungskonzepten und -verfahren existiert, die sich heute im Bereich der qualitativ-hermeneutischen, fallbezogenen, idiographischen und narrativen Verfahren findet.

Empirische Erforschung von Unterricht und Unterrichtsmethoden kann auf unterschiedliche Erkenntnisziele gerichtet sein und dringt unterschiedlich tief in den Gegenstand vor. Verfolgt man ein rein *beschreibendes Interesse*, so ist es eine sinnvolle empirische Aufgabenstellung, z. B. auf der Basis breiter, repräsentativer Unterrichtsbeobachtungen zu ermitteln, welche methodischen Formen eigentlich häufig oder weniger häufig in Schulen (in verschiedenen Schulformen, auf unterschiedlichen Jahrgangstufen etc.) praktiziert werden (s. o.). Dadurch bekommt man einen Einblick in die Realitäten des Methodengebrauchs und kann bei hinreichend breiter und in sich differenzierter Stichprobe Vergleiche zwischen Schulformen etc. anstellen. Man könnte dieses beschreibende Interesse auf eine immer feinkörnigere Perspektive einstellen, wenn man etwa die dominierenden Prozessstrukturen (interaktiven Handlungsmuster, Regeln und Routinen der sprachlichen Interaktion etc.) in einzelnen Unterrichtsstunden (nach Fächern aufgegliedert oder fachübergreifend) untersucht und herausstellt. Insbesondere die qualitative Unterrichtsforschung kann dort ihr Potential entfalten, wo es um die Aufdeckung mikroskopischer Kleinstrukturen von Unterrichtsprozessen geht, wobei eben dafür das Erschließen und Verstehen der subjektiven Binnenperspektive der Handelnden eine ganz entscheidende Rolle spielt. Über die Voraussetzungen des Einsatzes von Unterrichtsmethoden, vor allem aber: über die Wirksamkeit von bestimmten Methoden für die Erreichung dieses oder jenen Zwecks erfährt man dabei noch nichts.

Dies wird erst möglich, wenn über ein rein beschreibendes Interesse hinausgegangen wird. Die empirische Forschung zu den Methoden des Unterrichtens ist von Anfang an und in ihren dominierenden Teilen von dem Motiv getragen worden, mit einem *analytischen Interesse* die optimalen Einsatzbedingungen für die verschiedenen unterrichtsmethodischen Vorgehensweisen zu identifizieren, um möglichst weitgehende Lerneffekte zu erzielen. Wenn Methoden Mittel zum Erreichen eines bestimmten Zieles sind, dann besteht im empirischen Kontext die zentrale Frage darin zu erforschen, welche Methoden für welchen Zweck die am besten geeigneten sind. Dem liegt eindeutig ein produktionistisches Gegenstandsverständnis und Optimierungsinteresse zu Grunde: Die gewonnenen Erkenntnisse sollen in der Praxis dazu dienen, den Methodeneinsatz und -gebrauch im Interesse einer effektiveren und effizienteren Zielerreichung zu verbessern. Insofern muss bei der Überprüfung der Wirksamkeit und Zweckdienlichkeit einer Methode immer zunächst klar gemacht werden, welches Ziel man erreichen will, welchen Zweck es zu erfüllen gilt. Als einen solchen Zweck, als ein Erfolgskriterium für richtigen Methodeneinsatz dominiert in der empirisch-quantitativen Unterrichtsforschung – wie schon bei der Forschung zum effektiven Lehrer – die messbare Lernleistung bzw. der messbare Lernzuwachs der Schüler; zusätzlich oder alternativ hierzu können auch veränderte Einstellungen, veränderte Selbstwirksamkeitserwartungen, veränderte soziale Kompetenzen, größere Zufriedenheit o. Ä. der Schüler herangezogen werden (*Prozess-Produkt-Modell*, vgl. Abb. 12). – Im Rahmen qualitativer Erforschung von Unterricht und Unterrichtsmethoden ist ein solches Optimierungsinteresse nicht anzutreffen; hier steht das Verstehen der inneren Abläufe unter Berücksichtigung der Subjektperspektiven im Mittelpunkt. Einen pragmatischen Bezug bekommt diese Unterrichtsforschung allenfalls, indem ihre Ergebnisse angehende oder praktizierende Lehrer für die Komplexität und das weniger Offensichtliche von Unterrichtssituationen sensibilisieren.

Die lange Geschichte der an Effekten orientierten empirischen Untersuchung von Unterrichtsmethoden kann als eine Geschichte des ständigen Scheiterns allzu einfacher Konzepte bzw. als zunehmende Komplexitätssteigerung der zugrunde liegenden Modellannahmen geschrieben werden. Dies hatte auch zur Folge, dass die Hoffnung auf einfache, klare und praktikable empirische Botschaften und Handlungsorientierungen sich zunehmend aufgelöst hat; im Gegenzug wurden mit der Ausdifferenzierung der Modelle die Ergebnisse selbst immer differenzierter und kleinteiliger. Standen am Anfang noch Hoffnungen auf die Entdeckung der einen effektiven Methode, die auf der Annahme einer starken (quasi-)kausalen Verbindung zwischen den Aktivitäten des Lehrens und dem Lernen der Schüler basierte, so zeigte sich schon sehr rasch, dass die Verknüpfung zwischen Lehren und Lernen nicht sehr eng ist, und dass methodische Formen niemals ›an sich‹ einen pauschalen Wert oder Unwert aufweisen, sondern ihr Erfolg, ihre Wirksamkeit von sehr vielen anderen Bedingungen abhängt und zugleich immer nur mit Blick auf bestimmte, ausgewählte Wirkungen mehr oder weniger fest behauptet werden kann: *Es gibt nicht die eine richtige Methode*, sondern Methoden sind nur unter bestimmten Bedingungen (Lernvoraussetzungen der Schüler, Größe der Lerngruppe etc.) und mit Blick auf bestimmte angestrebte Wirkungen (Wissensbereiche, Lernqualitäten, Kompetenzdimensionen) effektiv, wirkungslos oder gar schädlich (vgl. zum Stand dieses Typus von Unterrichtsforschung Helmke 2003).

Gegenwärtig wird die neuere empirische Erforschung von Unterricht überhaupt nicht mehr auf *bestimmte* Methoden gerichtet, sondern auf die Frage, unter welchen Bedingungen welche Anordnung der verschiedenen Faktoren von Unterricht fachübergreifend (oder aber in einem bestimmten Fach) bei welchen Schülern bzw. Schülergruppen hinsichtlich welcher Zielkriterien welche kurz- und langfristigen Wirkungen erzielt: Es geht um die Kennzeichen guten, erfolgreichen Unterrichts.

Von der Vorstellung, dass durch Unterricht das Lernen der Schüler gewissermaßen automatisch ›erzeugt‹ wird, hat sich die moderne Unterrichtspsychologie bzw. Lehr-Lern-Forschung dabei definitiv verabschiedet. Auch der optimal konstruierte Unterricht ist nicht automatisch in jeder Hinsicht und bei jedem Schüler erfolgreich. Klieme (2006) und Seidel/Shavelson (2007) umreißen das grundlegende Lern- und Unterrichtsverständnis in folgender Weise:

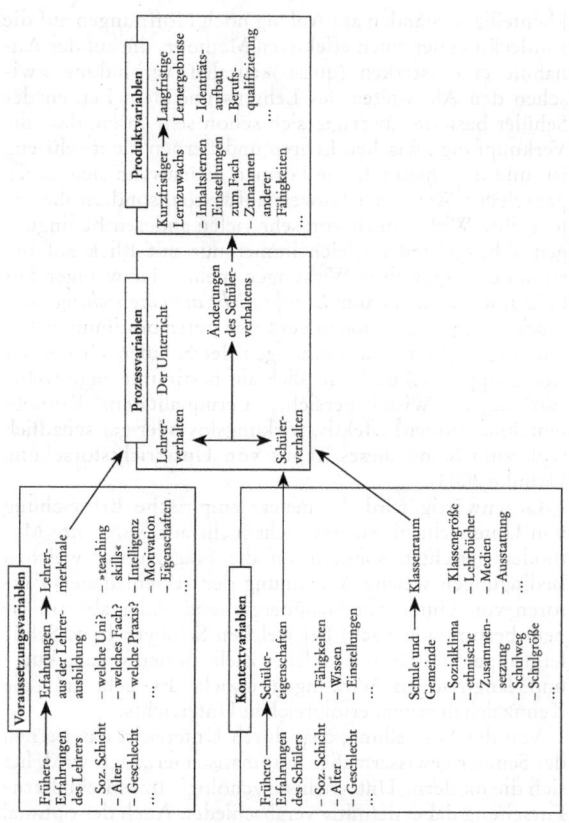

Abb. 12: Prozess-Produkt-Paradigma der Unterrichtsforschung
(nach: Dunkin/Biddle 1974)

- »Unterricht als sozialer Prozess wie auch das darin verhandelte Wissen stellt eine Ko-›Produktion‹ der beteiligten Personen dar.
- Lehrerhandeln ›verursacht‹ daher nicht Schülerlernen, sondern erschafft eine Lernumgebung als Raum von Lerngelegenheiten, die von den Beteiligten gemeinsam geformt und im Sinne eines Angebots je individuell genutzt werden.
- Prozesse und Ergebnisse von Unterricht sind durch die jeweiligen Ziele und Inhalte mit geprägt; Erkenntnisse über Zusammenhangsmuster sind also nur bedingt über Fächer und Inhalte hinweg verallgemeinerbar.
- Der institutionelle, soziale und kulturelle Kontext (z. B. implizite und explizite Handlungsnormen des schulischen Settings) beeinflusst den Unterricht bis in einzelne Interaktionszüge hinein« (Klieme 2006, S. 765 f.).

»Wir betrachten Lernen als ein Bündel von konstruktiven Prozessen, in deren Verlauf der Schüler (allein oder kooperativ) Wissensstrukturen aufbaut, aktiviert, elaboriert und organisiert. Diese Prozesse sind interner Art und können durch Elemente des Unterrichts unterstützt und gefördert werden. Darüber hinaus nehmen wir an, dass anspruchsvolle Lernprozesse und tiefes Verständnis der Lerninhalte von der Qualität des Wissensaufbaus abhängen und somit auf dem Vollzug von Lernaktivitäten beruhen. Lernaktivitäten sollten sowohl grundlegende Informationsverarbeitung als auch fachbezogenes Lernen auslösen. Demzufolge betrachten wir den Vollzug von Lernaktivitäten als diejenige Zone, die dem Prozess des Wissensaufbaus am nächsten liegt. Daraus leiten wir die Hypothese ab, dass solche Variablen, die eng mit Lernaktivitäten assoziiert sind, die größte Wirkung in Richtung auf die Lernergebnisse ausüben. Wir nehmen weiterhin an, dass solche Unterrichtsvariablen, die sich auf den Kontext des Lernens beziehen, in einer eher entfernteren, schwächeren Beziehung zum Prozess des Wissensaufbaus stehen. Sie stellen den notwendigen Rahmen für das Vollziehen von Lernaktivitäten durch die Schüler dar. Wir vermuten, dass diese entfernteren, distalen Variablen, verglichen mit denjenigen, die näher, proximaler auf die Lernaktivitäten selbst bezogen sind, eine schwächere Wirkung auf die Lernergebnisse ausüben« (Seidel/ Shavelson 2007, S. 462).

Das bedeutet: Unterricht ist Angebot. Ob und wie Schüler dieses Angebot für ihr Lernen nutzen, steht außerhalb der Reichweite und Verantwortung des Lehrenden. Die kausalistische Ursache-Wirkungs-Annahme (Lehren machen Lernen) ist von einer Art liberalem Markt-Modell abgelöst worden: Angebote werden gemacht; ob sie genutzt werden, steht auf einem anderen Blatt. Konkreter Ausdruck dieses ›liberalisierten‹ Verhältnisses zwischen Lehren als Angebot und Lernen als Nutzung, die erfolgen kann oder nicht, ist das auf der Basis einiger Vorläufer von Helmke (2003, S. 43) entwickelte Angebots-Nutzungs-Modell von Unterricht (vgl. Abb. 13). Es entspricht einer für die Lern- und Unterrichtspsychologie sehr starken Umorientierung, die man als ›the shift from teaching to learning‹ bezeichnet hat. Das allgemein-didaktische Gegenstück zu diesem Wechsel der Perspektive vom Lehren zum Lernen sind die verschiedenen Spielarten der konstruktivistischen Didaktik. Die Vertreter dieser allgemein-didaktischen Theoriefamilie (vgl. II,3.3.1) halten den Erzeugungscharakter von Lehren in Richtung auf Lernen für eine Illusion, die an dem grundsätzlich eigenaktiv- (ko)konstruierenden Charakter des Lernens zerschellt. Unterrichten kann dann nur noch ein Anregen von selbsttätig durchzuführenden Konstruktionsprozessen sein.

Wenn es also nicht mehr um den Effekt *spezifischer* Methoden des Unterrichtens geht, sondern in einem sowohl breiteren als auch in sich differenzierten Sinn um empi-

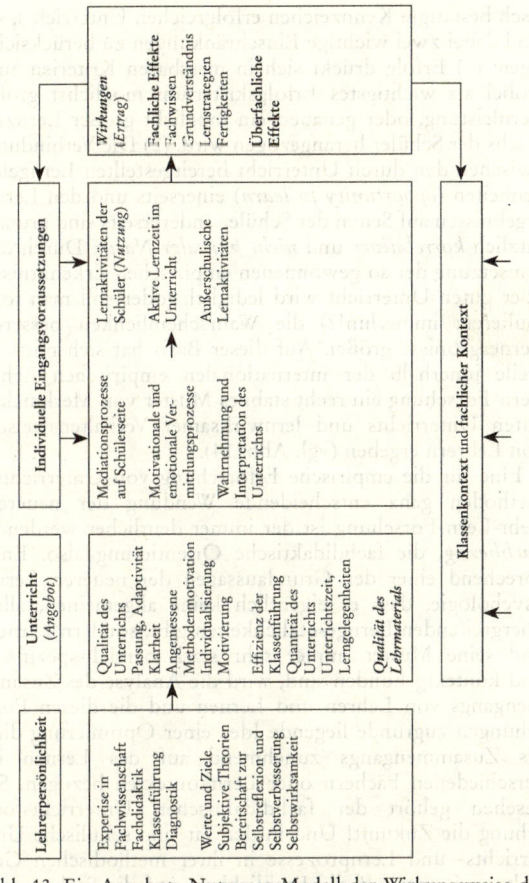

Abb. 13: Ein Angebots-Nutzungs-Modell der Wirkungsweise des Unterrichts (nach: Helmke 2003, S. 42)

risch bestätigte Kennzeichen erfolgreichen Unterrichts, so sind dabei zwei wichtige Einschränkungen zu berücksichtigen: (1) Erfolg drückt sich in messbaren Kriterien aus, wobei als wichtigstes Erfolgskriterium möglichst große Lernleistung, oder genauer: ein möglicht großer Lernzuwachs der Schüler herangezogen wird. (2) Die Verbindung zwischen den durch Unterricht bereitgestellten Lerngelegenheiten (*opportunity to learn*) einerseits und den Lernergebnissen auf Seiten der Schüler andererseits sind grundsätzlich *korrelativer* und *nicht kausaler Natur.* Durch die Umsetzung der so gewonnenen empirischen Erkenntnisse über guten Unterricht wird lediglich (oder soll man formulieren: immerhin!?) die Wahrscheinlichkeit besserer Lernergebnisse größer. Auf dieser Basis hat sich mittlerweile innerhalb der internationalen empirischen Lehr-Lern-Forschung ein recht stabiles Muster von Merkmalen guten Unterrichts und lernwirksamer Verhaltensweisen von Lehrern ergeben (vgl. Abb. 14).

Eine für die empirische Erforschung von Unterrichtsmethoden ganz entscheidende Wendung der neueren Lehr-Lern-Forschung ist der immer deutlicher werdende *Fachbezug*, die fachdidaktische Orientierung also. Entsprechend einer der Grundaussagen der neueren Lernpsychologie, dass es eigentlich keine allgemeinen, alles übergreifenden Lerngesetzlichkeiten gibt, sondern Lernen und seine Muster immer sehr stark bereichsspezifisch und kontextgebunden sind, wird die Analyse des Zusammenhangs von Lehren und Lernen und die diesen Forschungen zugrunde liegende Idee einer Optimierung dieses Zusammenhangs zunehmend auf das Lernen in verschiedenen Fächern oder Lernkontexten bezogen. So gesehen gehört der fachdidaktischen Unterrichtsforschung die Zukunft! Und in der Tat sind schulische Unterrichts- und Lernprozesse in ihrer methodischen Gestaltung immer auf die Fachlichkeit, auf die Sachen, um die es geht, verwiesen. Zugleich muss aber immer be-

Helmke (2006)	Meyer (2004) bzw. Brophy (2000/2002)	Rheinberg/ Bromme (2001)	Lipowsky (2007)
• effiziente Klassenführung und Zeitnutzung	• klare Strukturierung des Unterrichts	• reichhaltiges Methoden-repertoire	• effektive Klassenführung
• lernförderliches Unterrichts-klima	• hoher Anteil echter Lernzeit	• Schüler-aktivierung für sachorientiertes Lernen	• intensive Nutzung der Lernzeit
• vielfältige Motivierung	• lernförderliches Klima	• Unterrichtszeit für Inhalts-bearbeitung nutzen	• klare Strukturierung und Kohärenz des Unterrichts
• Strukturiertheit und Klarheit	• inhaltliche Klarheit	• Lerntempo kontrollieren und individuell abstimmen	• kognitive Aktivierung der Schüler
• Wirkungs- und Kompetenz-orientierung	• sinnstiftendes Kommunizieren	• Schülergruppen angemessene Aufgaben übertragen	• Fokussierung auf zentrale Aspekte der Lerninhalte
• Schüler-orientierung und Unterstützung	• Methodenvielfalt	• klare Struktur des Unterrichts und der Lehrersprache	• angemessene Rückmeldungen an Schüler
• Förderung selbstständigen Lernens	• individuelles Fördern	• Störungen antizipierend vermeiden	• Einsatz kooperativer Lernformen
• Variation von Methoden	• intelligentes Üben	• ›weiche Übergänge‹ zwischen Themen und Methoden	• Üben und Wiederholen
• Konsolidierung, Sicherung, Üben	• transparente Leistungs-erwartungen	• hohe Selbst-wirksamkeits-überzeugung des Lehrers	• geeignete Hausaufgaben
• Anpassung an Schülervoraus-setzungen (Adaptivität)	• vorbereitete Umgebung		• positive Lernatmosphäre (wirkt eher indirekt)

Abb. 14: Durch empirische Forschung bestätigte Kennzeichen erfolgreichen (Fach-)Unterrichts

dacht werden, dass der eigentliche Zweck wie auch die gesellschaftliche Funktion von Schule und Unterricht sich nicht in der Addition von Fachlichkeiten erschöpft, sondern auf übergreifende Lern-, Bildungs- und Sozialisationserfahrungen gerichtet ist. Und ob und wie die Analyse und Optimierung der vielen Fachlichkeiten in der Summe dann zum Eigentlichen beitragen, ist immer noch eine offene Frage.

Diese Fragestellung führt jedoch über den engeren Bereich der empirischen Forschung zu Unterricht bzw. zur Methodik des Unterrichts hinaus. Führt man die im Vorangegangen entfaltete Denkbewegung wieder auf ihren zentralen Gegenstand – die Unterrichtsmethode – zurück, so ist zu konstatieren, dass die Erforschung der Wirkung *einzelner* Unterrichtsmethoden sich überlebt hat. Heute geht es um die Analyse des Zusammenhangs komplexer Wechselwirkungen zwischen Unterrichtsbedingungen, Prozessen und Auswirkungen, wobei von einer hoch differenzierten Sicht innerhalb dieser drei Variablenblöcke selbst sowie ebenso der Beziehungen zwischen diesen Variablenblöcken auszugehen ist. Es geht nicht mehr um einzelne Methoden, es geht um die Konstruktion von Lernumwelten, die in grundsätzlich kontingenten (also: nichtdeterminierten, komplexen, gelockerten) Beziehungen zu den Lernergebnissen stehen. Bemerkenswert an dieser Entwicklung ist, dass die empirische Unterrichtsforschung mit der Ausdifferenzierung ihres konzeptionellen und methodischen Rüstzeugs die Möglichkeiten der Vermittlung einer klaren, einfachen und zugleich sehr spezifischen Botschaft an Praktiker letzten Endes selbst untergraben hat.

Dies wiederum fördert auf der Ebene des Alltags und der Praxis das Verlangen nach einfachen Konzepten, klaren Ergebnissen und überschaubaren moralischen Einteilungen. Und selbstverständlich wird dieses Verlangen bedient: Die uralte, für Laien wie Lehrer intuitiv sehr eingängige, im pädagogischen Kontext immer auch normativ eingefärbte Gegenüberstellung von einer stark lenkenden, lehrerzentrierten methodischen Orientierung des Darbietens und Aufnehmen Lassens einerseits (»Frontalunterricht«) und eines freieren, die Lenkung des Lehrers minimierenden, schülerzentrierten Verfahrens des Entdecken und Konstruieren Lassens (»Offener Unterricht«) andererseits wird bis heute durch die Methodenliteratur tradiert. Legt man dieses einfache Schema zugrunde und befragt die empirische Unterrichtsforschung, welche methodische Grundform denn nun ›besser‹ sei, so erhielt und erhält man bis heute immer die gleiche Antwort: Legt man als Erfolgskriterium messbare Lernzuwächse der Schüler zugrunde, so ist das lehrerzentrierte, darbietende Verfahren insgesamt – und insbesondere bei Kindern aus bildungsfernen Sozialisationsmilieus – erfolgreicher; nondirektive Verfahren der Anregung des Entdeckens und Konstruierens durch Schüler führen zu geringeren Lernzuwächsen (vgl. als aktuelle Forschungsübersicht hierzu Kirschner u. a. 2006).

5. Wie geht es weiter mit der Allgemeinen Didaktik?

5.1 Zur Lage der Allgemeinen Didaktik

Die Allgemeine Didaktik als ein spezieller Wissensbereich der Erziehungswissenschaft ist einerseits in einer durchaus komfortablen Lage: Sie ist ein durch Prüfungs- und Ausbildungsordnungen abgesichertes Element in allen Lehramtsstudiengängen. Es existiert eine überschaubare Zahl von Lehrbüchern, die – kontinuierlich aktualisiert – seit langen Jahren in der Ausbildung der zukünftigen Lehrer an Universitäten und in Studienseminaren eingesetzt werden. Traditionsstiftend war insbesondere das sehr bekannte Buch von Herwig Blankertz (1927–83) über »Theorien und Modelle der Didaktik« (Blankertz 1969, [14]2000). Nicht zuletzt aufgrund dieser Lehrbuchtradition hat man es mit einem übersichtlichen Muster von stabilen Theorielinien zu tun. Mittlerweile sind eine Reihe von Texten aus der deutschsprachigen Didaktik in der englischsprachigen Fachliteratur anzutreffen (vgl. z. B. Westbury u. a. 2000). Natürlich stoßen in diesem Kontext die Texte von alten und neuen Klassikern aus dem Bereich der bildungstheoretischen Didaktik auf Interesse, denn für das internationale, englischsprachige Fachpublikum ist diese pädagogische Denkform ungewohnt und ›neu‹.

Der Eindruck von Saturiertheit täuscht jedoch. Bei näherer Analyse der Situation der Allgemeinen Didaktik zeigen sich nämlich Eigentümlichkeiten, Selbstfixierungen und stabile Blindstellen: Die Theorielage hat sich seit Jahren – wenn nicht Jahrzehnten – kaum geändert. Über das Verhältnis zu den Fachdidaktiken wird viel diskutiert, es ist aber letztlich nicht geklärt. Eine konstruktive Verbindung zur empirischen Unterrichtsforschung wie auch zur Unterrichtspsychologie ist noch immer nicht wirklich hergestellt. Es ist weiterhin schwierig, die neuen informationstechnischen Möglichkeiten auf der Theorie-Ebene konzeptionell anspruchsvoll und auf der Praxis-Ebene des Unterrichts sinnvoll zu integrieren. Womöglich erschweren sogar die institutionelle Absicherung in der Lehrerbildung und die damit verbundene Kristallisation eines ehedem lebendigen theoretischen Zusammenhangs zu immer wieder ›durchgenommenem‹ Lehr- und Prüfungsstoff eine selbstkritische Sichtweise; vielleicht wird gerade dadurch innovatives Potential blockiert. So drängt sich der Verdacht auf, dass die Allgemeine Didaktik womöglich am eigenen institutionellen Erfolg erstickt ist.

Und dabei sind die Herausforderungen vielfältig:

- Die empirische Lehr-Lern-Forschung pädagogisch-psychologischer Provenienz – in Verbindung mit fachdidaktischer Ausrichtung – fordert den Alleinvertretungsanspruch der Allgemeinen Didaktik für die wissenschaftliche Beschäftigung mit Lehren und Lernen nachdrücklich heraus. Die durch empirische Forschung stärker und informationshaltiger werdenden Fachdidaktiken konstituieren sich neu und suchen ihr Verbindendes oder Allgemeines nicht mehr in der Allgemeinen Didaktik, sondern in empirisch aufzuklärenden Modellen des Lehr-Lern-Prozesses.
- Es gibt Bestrebungen, anhand des Begriffs der »Vermittlungswissenschaft« (vgl. Welbers 2003) der (Fach-)Didaktik ein gänzlich neues, erweitertes Profil zu geben: Jede wissenschaftliche Disziplin müsse das Problem ihrer eigenen »Vermittlung« an ihre Außenwelt, ihr Publikum thematisieren, um auf diese Weise zur Verbesserung des dringend notwendigen öffentlichen Verständnisses von Wissenschaft beizutragen. Die Schule bzw. der Unterricht seien insofern nur ein Spezialfall dieses für jede Wissenschaft wichtigen Problems. »Vermitteln« gilt als eine Art bereichsunabhängige Schlüsselkompetenz, die bei jeder anspruchsvollen Tätigkeit anfalle. Als Vermittlungswissenschaft wird Didaktik gewissermaßen universalisiert: *Alle* müssen didaktisch werden.
- Die Notwendigkeiten und Praxisformen lebenslangen privaten und beruflichen Lernens und Weiterlernens erzeugen einen wachsenden eigenständigen wissenschaftlichen Diskurs über informelles Lernen, der durch die traditionelle Allgemeine Didaktik, die letztlich immer schulzentriert war, zunehmend schlechter aufgefangen werden kann. Die Abkehr vom Verschulten, vom Lehrer-Image wird zum positiven Signum dieser Didaktik des informellen Lernens, die ihren Charakter *als* Didaktik zu dementieren bemüht ist! Aber auch das hat Tra-

dition: Vom guten Didaktiker wurde schon immer gesagt, gerade er habe nichts ›Didaktisches‹ an sich.

• Schließlich eröffnen die modernen Informations- und Kommunikationsmedien neue Lehr- und Lernwelten, die nur schwer in den Horizont der Allgemeinen Didaktik zu bringen sind. Dieser und der zuvor genannte Punkt können dazu führen, dass sich das Lernen immer stärker vom Lehren abkoppelt. Nicht mehr die staatliche Institution Schule und die Profession Lehrer sind dann organisierende Verantwortliche für ein Lehren, das zu Lernen führt. Statt dessen wird jeder Einzelne selbst verantwortlich dafür, ob und was er wie und wann lernt. Dies eröffnet vielleicht Freiheiten. Die Devise lautet: Autodidaktik statt Allgemeine Didaktik.

Was bedeutet dies für die Allgemeine Didaktik? Kann sie sich wie bisher als integrations- und wandlungsfähig erweisen? Wie weit tragen die Traditionen noch? Auf welche neuen Theorieangebote sollte sie eingehen – und auf welche besser nicht? Wie will sie, aus der Lehrerbildung geboren (also an der Profession orientiert), die empirische Forschung (also die Disziplin-Orientierung) stärker in sich einbinden und beide Verpflichtungen sinnvoll balancieren? Und falls es mit der Allgemeinen Didaktik allmählich zu Ende gehen sollte: Was tritt an die Leerstelle? Gibt es dann gar keine Leerstelle – oder bemerkt sie nur keiner mehr? Und was würde *das* bedeuten?

5.2 Erbschaftsanwärter – und solche, die es sein möchten

Sicherlich haben sich die weiter oben beschriebenen Theoriefamilien der Allgemeinen Didaktik weiter entwickelt, nicht zuletzt durch wechselseitige Beeinflussung und exogame ›Blutauffrischung‹. Gleichwohl aber sind es, auch im

Falle der Rezeption von (neuen) Theorien aus anderen (Teil-)Disziplinen, doch Entwicklungen aus alten Bahnen heraus und noch innerhalb der alten Bahnen. Dem Didaktiker wird eben alles didaktisch. Deshalb ist es interessant, nach solchen Theorie- und Forschungsansätzen Ausschau zu halten, die selbst nicht eigentlich aus der Allgemeinen Didaktik kommen, sich aber gleichwohl mit deren klassischem Problembündel (was soll warum von wem wie und zu welchem Zweck gelernt werden?) auseinandersetzen. Aus diesem Grund soll es im Folgenden um die Frage gehen, wer sich als Erbe der klassischen allgemein-didaktischen Theorien zu profilieren versucht – und wie viel Erfolg er dabei hat. Ich konzentriere mich auf drei Gruppen von Erbschaftsanwärtern.

5.2.1 Fachdidaktische Lehr-Lern-Forschung

Schon immer wurde das Nicht-Zusammengehen von empirischer Unterrichtsforschung einerseits und Allgemeiner Didaktik andererseits beklagt. Die Allgemeine Didaktik ist stärker auf Sinngebung von Lehrerarbeit sowie auf die Gestaltung konkreten Unterrichts orientiert; wohingegen die empirische Unterrichtsforschung zunächst einmal ein analytisches Interesse an Unterricht hat. Im vergangenen Jahrzehnt sind empirische Forschung und Didaktik in Gestalt der *fachdidaktisch* orientierten Lehr-Lern-Forschung zusammengekommen. Untersucht wird Lehren und Lernen im Unterricht nicht abstrakt und inhaltsneutral, sondern immer innerhalb einer bestimmten »Domäne«, d. h. eines Lernfeldes bzw. Faches. Es geht dabei um Verstehensprozesse, um die Entwicklung von Begriffen und Konzepten des Faches, um fachspezifische Lehrstrategien, um methodische Varianten beim Erarbeiten fachlicher Inhalte und Kompetenzen. Allerdings ist hier eine starke Asymmetrie hinsichtlich der repräsentierten Fächer fest-

zustellen: In den mathematisch-naturwissenschaftlichen
Fächern ist diese Art der didaktischen Forschung international wie national ungleich viel weiter entwickelt als in
den anderen Fächern bzw. »Domänen«. So ist der Mathe-
matikunterricht mittlerweile zur *Drosophila* der empirischen Lehr-Lern-Forschung geworden.

Die fachdidaktische Orientierung dieser Art von empirischer Forschung macht Sinn: Unterricht ist immer an
Fachlichkeit bzw. an Substanz, an eine Sache gebunden –
nicht einfach in der Weise, dass die Sache den Unterricht
in Ablauf und Ergebnis bestimmt, sondern ebenso in der
Weise, dass der Unterricht der Sache in der Wahrnehmung
der Schüler erstmals ein Gesicht gibt. Lehren und Lernen
sind »domänenspezifisch«; die moderne Unterrichtspsychologie konstatiert, dass es keine allgemeinen, bereichs-
unabhängigen Erkenntnisse über Lehren, Lernen und Verstehen gibt (vgl. Finkbeiner/Schnaitmann 2001 und Pren-
zel/Doll 2002; Doll/Prenzel 2004; Arnold 2007).

Die Notwendigkeit des durchgängigen Fachbezugs empirischer Unterrichtsforschung wird durch eine aktuelle
Meta-Analyse von Untersuchungen zu den *Bedingungen
effektiven Unterrichtens* aus den letzten zehn Jahren unterstützt. Seidel/Shavelson (2007) stützen sich auf 112
nach strengen methodischen Kriterien ausgewählte empirische Studien, in denen insgesamt 1357 Beziehungen zwischen unterschiedlichen Unterrichtsvariablen einerseits und
diversen (Lern-)Wirkungen auf Seiten der Schüler andererseits untersucht wurden. *Der stärkste, für das kognitive
Lernen förderlichste Effekt des Unterrichtens geht von der
Fachspezifik aus:* »Wir haben herausgefunden, dass der
Vollzug fachspezifischer Lernaktivitäten den größten Einfluss auf die kognitiven Resultate des Unterrichts ausübt.
[...] Schülern Gelegenheit für fachbezogene Lernaktivitäten zu geben, erwies sich als diejenige Komponente von
Unterricht, die die stärkste Wirkung ausübte, und zwar
unabhängig vom Fach (Lesen, Mathematik, Naturwissen-

schaft), von der Schulstufe (Primarstufe, Sekundarstufe)
oder der Art des Lernergebnisses (lernprozessbezogen,
motivational-affektiv, kognitiv). [...] Ein Unterricht, in
dem Schüler fachbezogene Lernprozesse vollziehen können, beeinflusst am deutlichsten das kognitive Lernen der
Schüler. [...] Wir haben aber auch herausgefunden, dass
der Vollzug fachlichen Lernens ebenfalls eine wichtige
Rolle für das Zustandekommen motivational-emotionaler
Wirkungen hat (z. B. Interesse oder Einschätzung der eigenen Fähigkeiten)« (ebd., S. 483).

Dies alles befördert die Idee einer Substitution der Allgemeinen Didaktik durch eine Aufsummierung fachdidaktischer Ergebnisse der Lehr-Lern-Forschung. Damit sind
wichtige Gewinne verbunden; zugleich aber werden Grenzen deutlich. Denn es ist unabweisbar, dass Unterricht und
Unterrichten selbst, unabhängig von den Fächern/Inhal-
ten, bestimmte allgemeine Elemente aufweisen. Darüber
hinaus und vielleicht noch wichtiger muss berücksichtigt
werden, dass sich die berufliche Kompetenz von Lehrern
nicht in Fachkenntnissen und fachdidaktischen Fähigkeiten erschöpft. Klassenführung, Interaktionsformen, allgemeine Muster der Inhaltserarbeitung, Konfliktregulierung,
Elterngespräche, kollegiale Zusammenarbeit, Schulentwicklung etc. verlangen Kompetenzen, die weit über
(Fach-)Didaktik hinausgehen. Insofern stößt auch die im
engeren Sinn fachdidaktisch orientierte Lehr-Lern-Forschung an ihre Grenzen, und zwar dort, wo sie auf die
Kontexte von Unterricht und Schule, von Lehren und
Lernen im Klassenzimmer trifft. Eine voll ausgebildete
fachdidaktische Lehr-Lern-Forschung allein kann nie die
hinreichende Basis für die qualifizierte Ausübung des Lehrerberufs sein, weil dieser zwar im Kern aus Unterrichten
besteht, hierin aber natürlich nicht aufgeht. An dieser Stelle
muss eine Erweiterung der analytischen Perspektive erfolgen, um die unterschiedlich tief gestaffelten kontextuellen
Bedingungen für das Gelingen und Misslingen von Unter-

richts- und Bildungsprozessen aufzuklären. Genau dieser
Sprung in die Analyse von Kontexten wird derzeit von der
empirischen Lehr-Lern-Forschung in ersten Ansätzen
vollzogen.

Ist das dann eine moderne, neue Form von Allgemeiner
Didaktik? Kann diese Forschung etwas zur Beantwortung
der didaktischen Grundfragen beitragen? Sicherlich werden die Bedingungen, Prozesse und Effekte des Lehrens
und Lernens, des Unterrichtens, der Schulbildung empirisch aufgeklärt. Die *inhaltliche* (nicht: prozessuale) *Be-
gründungsfrage*, warum dies oder jenes so oder anders
gelernt werden soll, bleibt aber offen. Hinsichtlich der Be-
gründungs- und Sinngebungsdimension kann von der empirischen Forschung gegenwärtig wenig erwartet werden;
zu diesem Zweck sind andere Kontexte zu bemühen.

5.2.2 Bildungsstandards

Sofort ›nach PISA‹ sind Rufe nach der Entwicklung von
bundesweiten Bildungsstandards für zentrale Fächer (bzw.
Kompetenzen) in bestimmten Klassenstufen laut geworden. Bildungsstandards zielen darauf ab, einheitliche Anforderungen für Schüler zu definieren und an bestimmten
strategischen Stellen im Bildungsverlauf zu überprüfen, ob
und inwieweit sie erreicht werden. Sie dienen der Beobachtung der Arbeits- und Wirkungsweise des Schulsys-
tems – nicht der individuellen Leistungsmessung (von
Schülern oder Lehrern). Das Gutachten der Gruppe um
E. Klieme (2003) basiert auf einem Kompetenzmodell,
welches die Ziele und Inhaltsbereiche des schulischen
Lehrens und Lernens insgesamt neu strukturiert und für
die einzelnen Bereiche Kompetenz-Skalen definiert, die
einen leistungsbezogenen Erwartungsraum abstecken, in
den möglichst viele Schüler möglichst weit vordringen
sollten.

Dieser Weg erinnert sehr stark an die Curriculum- und Unterrichtsreformabsichten der frühen 1970er Jahre – und deren Umschlagen in »Abiturnormen«. Auf der Basis eines Modells der notwendigen Kompetenzen für die moderne Gesellschaft wird eine Strukturierung und Zuteilung von Inhalten und Leistungserwartungen vollzogen, die schulische Bildung von ihren tatsächlichen Effekten her transparent und im weitesten Sinn steuerbar machen soll. Wohlgemerkt: Es wird nicht etwas wirklich völlig Neues ›erfunden‹! Die bisher durch Lehrpläne, Leistungsanforderungskataloge und Lehrbücher schon immer vollzogene (oder besser: intendierte) Formulierung von Anspruchsniveaus (Standards) für Schulbildung wird *explizit* gemacht, wird *beobachtbar* gemacht, wird konkreter *instrumentiert* – und im Sinn einer kontinuierlichen Systembeobachtung eingesetzt. In den Kerncurriculum-Überlegungen für die Grundschule und in den Kanon-Überlegungen für die Gymnasiale Oberstufe findet dies seinen konkreten, didaktik- und unterrichtsnahen Ausdruck.

Dass die alt-neue Bewegung zu den Bildungsstandards, Kerncurricula und Kanones als eine Art Wiederkehr der rund 30 Jahre zurückliegenden, an Inhalten, Inhaltsauswahl und -anordnung orientierten Curriculum-Diskussion der frühen 1970er Jahre verstanden werden kann, ist schon daran zu erkennen, dass sehr ähnliche Probleme behandelt werden, z. T. in einer anderen Begrifflichkeit und mit neuen Instrumentarien. Dies ist den Protagonisten der Standard-Bewegung auch durchaus bewusst. So werden vor allem in den Diskussionen um Kerncurriculum und Kanon herum durchaus inhaltliche Begründungs- und Sinnfragen erörtert. Bildungsstandards müssen schließlich inhaltlich begründet werden, damit deutlich wird, warum es so wichtig ist, dass alle Schüler in diesen zentralen Bereichen möglichst weit kommen. Aber wie schon vor 30 Jahren besteht die Gefahr, dass schulisches Lehren und

Lernen nicht anhand der Antwort auf Begründungs- und Inhaltsfragen, sondern vom Ergebnis, also gewissermaßen: vom Ende her, d. h. von den Chancen und Möglichkeiten der testdiagnostischen Erweisbarkeit (Aufzeigbarkeit und Beurteilbarkeit) von Lernergebnissen und Kompetenzniveaus her gestaltet wird. Obwohl in den letzten Jahrzehnten die Möglichkeiten der Erweisbarkeit von Lernergebnissen (Kompetenzdiagnostik) deutlich ausgearbeitet wurden und anspruchsvoller geworden sind, bleibt dieses Problem bestehen; ebenso ist die Gefahr nicht von der Hand zu weisen, dass Lehrer sich allzu direkt nur noch am später Abgeprüften orientieren und dabei den Unterricht in ein Quiz-Training verwandeln.

Abschließend zu dieser Gruppe von Erbschaftsanwärtern sei noch darauf hingewiesen, dass sie zwar die Ebene des Lehrplans und der sonstigen Vorgaben für Unterricht und seine Ergebnisse bearbeitet, *diesen selbst aber nicht erreicht.* Auch dies erinnert an die einige Jahrzehnte zurückliegende Curriculumreform, die u. a. auch daran gescheitert ist, dass sie im Alltag der Schulen nicht recht ›ankam‹. Umgekehrt ist – wie gerade gezeigt – die fachdidaktische Lehr-Lern-Forschung auf prozessbezogene Erkenntnisse über die unmittelbare Unterrichtsebene bezogen, ohne selbst ›nach oben‹ zur Ebene der Lehrpläne und Vorgaben auszugreifen. Von ihren Potentialen her greifen jedoch die Bildungsstandard-Bewegung und die fachdidaktische Lehr-Lern-Forschung ineinander; beide Erbschaftsanwärtergruppen ergänzen sich in gewisser Weise, wobei dieses Ergänzungsverhältnis aufgrund eines gemeinsamen wissenschaftstheoretischen Hintergrunds in empirischer Bildungsforschung erleichtert bzw. befördert wird.

5.2.3 Bildungsgangforschung

Dieser Ansatz (vgl. auch II, 3.3.2) geht zurück auf die letzte Arbeitsphase von Herwig Blankertz. Aus dem Kontext von mittelfristiger fachbezogener Curriculumrevision (»Strukturgitteransatz«) und der Entwicklung und Begleitung eines Schulreformmodells (»Kollegstufe«) heraus und unter Einschluss des Ansatzes der Entwicklungsaufgaben von Havighurst entstand der Grundgedanke, das Schulcurriculum stärker auf die Entwicklungsnotwendigkeiten und -möglichkeiten im Lebenslauf von Schülern und Heranwachsenden zu beziehen. Die Frage der inhaltlichen Schulbildung wird nicht mehr nur von einem vorgestellten, idealen Endzustand der Gebildetheit betrachtet, sondern gewissermaßen prozessualisiert, also auf den individuellen Entwicklungsprozess der Einzelnen bezogen. Dieser wiederum wurde in Relation zu allgemeinen, typischen biographischen Entwicklungsaufgaben betrachtet. Auf diese Weise müssen drei Erkenntnisebenen miteinander verschränkt werden:

- Die *empirische Ebene:* Was weiß man über den Identitätsbildungsprozess von Kindern und Jugendlichen, welchen Entwicklungsaufgaben haben sie sich individualbiographisch zu stellen?
- Die *normative Ebene:* Woran sollte sich der Entwicklungsprozess ausrichten, welches allgemeine Ideal und welches begründbare Muster des Entwicklungsverlaufs soll der Förderung von individueller Entwicklung zugrunde gelegt werden?
- Die *operative Ebene:* Wie muss das schulische Aufgabenfeld strukturiert und rhythmisiert sein, damit dieser Entwicklungsprozess begleitet und befördert wird.

Der Bildungs-Gang der Einzelnen wird orientiert an einer verallgemeinerungsfähigen Idee eines wünschbaren Bildungsgangs generell. Lehrpläne und Curricula müssen diese entwicklungsorientierte und entwicklungsfördernde Gesamtperspektive des Bildungsgangs vor Augen haben; dabei geht es nicht einfach um Kumulation, sondern um unterscheidbare Stufen und qualitative Sprünge (Meyer/ Reinhartz 1998; Hericks u. a. 2001; Schenk 2005).

Diese Gruppe von Erbschaftsanwärtern deckt, verglichen mit anderen, den breitesten Gegenstandsbereich ab und hat insofern das größte Potential; konzeptionell und methodisch umschließt der Ansatz die empirische, die entwicklungsorientierte und die normative Dimension. Auf einer allgemeinen Ebene kann man formulieren: Die *Biographisierung des Bildungsproblems* ist der entscheidende Gedanke, der durch diese Gruppe in den Argumentationshaushalt der bildungstheoretischen Didaktik eingebracht wird. Das Bildungsdenken wird damit erneut aus der Sphäre des Spekulativ-Normativen heraus an die ablaufenden Entwicklungs- und Bildungsprozesse der Heranwachsenden angekoppelt – ohne dabei in empirischer Entwicklungs- und Biographieforschung aufzugehen! In dieser entwicklungsorientierten Verschränkung von wirklichkeitszugewandter, empirischer Perspektive einerseits und einer an Idealen orientierten, normativen Perspektive andererseits liegt auch weiterhin der produktive und provokative Sinn dieser neuen Spielart bildungstheoretischen Denkens.

Literaturhinweise

A. Empfehlungen zur weiterführenden Lektüre

Zu Teil I: Grundlagen des Lehrens und Lernens

Einführende Literatur

Terhart, E.: Lehr-Lern-Methoden. Eine Einführung in Probleme der Organisation von Lehren und Lernen. München 1989; ⁴2005.

Wahl, D.: Lernumgebungen erfolgreich gestalten. Vom trägen Wissen zum kompetenten Handeln. Bad Heilbrunn 2005; ²2006.

Wellenreuther, M.: Lehren und Lernen – aber wie? Baltmannsweiler 2004.

Weiterführende Literatur

Hasselhorn, M. / Gold, A.: Pädagogische Psychologie. Erfolgreiches Lernen und Lehren. Stuttgart 2006.

Holzkamp, K.: Lernen. Eine subjektwissenschaftliche Grundlegung. Frankfurt a. M. 1993.

Krapp, A. / Weidenmann, B. (Hrsg.): Pädagogische Psychologie. München 1986; ⁵2006.

Moderner Klassiker

Aebli, H.: Grundlagen des Lehrens. Eine Allgemeine Didaktik auf psychologischer Grundlage. Stuttgart 1987; ³1995.

Zu Teil II: Didaktische Theorien und Modelle

Einführende Literatur

Jank, W. / Meyer, H.: Didaktische Modelle. Frankfurt a. M. 1991; Berlin ⁵2002.

Peterßen, W. H.: Lehrbuch Allgemeine Didaktik. München 1983; ⁶2001.

Tulodziecki, G. / Herzig, B. / Blömeke, S.: Gestaltung von Unterricht. Eine Einführung in die Didaktik. Bad Heilbrunn 2004.

Weiterführende Literatur

Diederich, J.: Didaktisches Denken. München 1988.
Gruschka, A.: Didaktik. Das Kreuz mit der Vermittlung. Elf Einsprüche gegen den didaktischen Betrieb. Wetzlar 2002.
Schirlbauer, A.: Junge Bitternis. Eine Kritik der Didaktik. Wien 1992.

Moderner Klassiker

Blankertz, H.: Theorien und Modelle der Didaktik. München 1969; [14]2000.

B. Verwendete und zitierte Literatur

Arnold, K.-H. (Hrsg.): Unterrichtsqualität und Fachdidaktik. Bad Heilbrunn 2007.
Arnold, M.: Aspekte moderner Neurodidaktik. Emotionen und Kognitionen im Lernprozess. München 2002.
Arnold, R. / Schüßler, I.: Wandel der Lernkulturen. Ideen und Bausteine für ein lebendiges Lernen. Darmstadt 1998.
Baumert, J. / Kunter, M.: Professionelle Kompetenz von Lehrkräften. In: Zeitschrift für Erziehungswissenschaft 9 (2006) S. 469–520.
Baumgart, F. / Lange, U. / Wigger, L. (Hrsg.): Theorien des Unterrichts. Bad Heilbrunn 2005.
Becker, N.: Die neurowissenschaftliche Herausforderung der Pädagogik. Bad Heilbrunn 2006.
Berliner, D. C.: Der Experte im Lehrerberuf: Forschungsstrategien und Ergebnisse. In: Unterrichtswissenschaft 15 (1987) S. 295–305.
Berliner, D. C.: Learning about and Learning from Expert Teachers. In: International Journal of Educational Research 35 (2001) S. 463–482.
Berninger, V. / Richards, T.: Brain Literacy for Educators and Psychologists. New York 2002.

Blankertz, H.: Theorien und Modelle der Didaktik. München 1969; Weinheim [14]2000.

Bönsch, M.: Variable Lernwege. Ein Lehrbuch der Unterrichtsmethoden. Paderborn 1991.

Bromme, R.: Der Lehrer als Experte. Zur Psychologie des professionellen Wissens. Bern 1992.

– / Haag, L.: Forschung zur Lehrerpersönlichkeit. In: W. Helsper / J. Böhme (Hrsg.): Handbuch der Schulforschung. Wiesbaden 2004. S. 777–793.

Brophy, J. E.: Teaching.. International Bureau of Education. UNESCO 2000. (Educational Practices Series. 1.) – Dt. Übers.: Gelingensbedingungen von Lernprozessen. Soest 2002.

Bruer, J. T.: Education and the Brain: A Bridge too far. In: Educational Researcher 26 (1997) H. 8. S. 4–16.

Brügelmann, H.: Wie verbreitet ist offener Unterricht? In: E. Jaumann-Graumann / W. Köhnlein (Hrsg.): Lehrerprofessionalität – Lehrerprofessionalisierung. Bad Heilbrunn 2002. S. 133–143.

Caine, R. N. / Caine, G.: Building a Bridge between Neurosciences and Education: Cautions and Possibilities. In: NASSP Bulletin 82 (1998) S. 1–8.

Campbell, J. / Kyriakides, L. / Muijs, D. / Robinson, W.: Assessing Teacher Effectiveness. Developing a differentiated Model. London 2004; [2]2005.

Dohmen, G.: Das informelle Lernen. Die internationale Erschließung einer bisher vernachlässigten Grundform menschlichen Lernens für das lebenslange Lernen aller. Bonn 2001.

Dolch, J.: Lehrplan des Abendlandes. Zweieinhalb Jahrtausende seiner Geschichte. Ratingen 1959.

Doll, J. / Prenzel, M. (Hrsg.): Bildungsqualität von Schule. Münster 2005.

Dunkin, M. J. / Biddle, B. J: The Study of Teaching. New York 1974.

Eickhorst, A.: Unterricht als Gegenstand empirischer Forschung. Frankfurt a. M. 1994.

Einsiedler, W.: Lehrmethoden. Probleme und Ergebnisse der Lehrmethodenforschung. München 1981.

Faulstich, P.: Höchstens ansatzweise Professionalisierung. In: W. Böttcher (Hrsg.): Die Bildungsarbeiter. Situation – Selbstbild – Fremdbild. Weinheim 1996. S. 50–80.

Fenstermacher, G. / Richardson, V.: On making Determinations of

Quality in Teaching. In: Teachers College Record 107 (2005) S. 186–213.

Finkbeiner, C. / Schnaitmann, G. W. (Hrsg.): Lehren und Lernen im Kontext empirischer Forschung und Fachdidaktik. Donauwörth 2001.

Forum Bildung: Neue Lern- und Lehrkultur. Vorläufige Empfehlungen des Forum Bildung. Bonn 2001. (Materialien des Forum Bildung. 10.) S. 8–28.

Friedrich, G. / Preiß, G.: Lehren mit Köpfchen. In: Gehirn & Geist (2002) H. 4. S. 64–70.

Fuhr, Chr.: Didaktisches Handeln in außerschulischen Feldern. In: Enzyklopädie Erziehungswissenschaft. Bd. 3. Stuttgart 1986. S. 148–163.

Gerstenmaier, J. / Mandl, H.: Wissenserwerb unter konstruktivistischer Perspektive. In: Zeitschrift für Pädagogik 41 (1995) S. 867–888.

Girmes, R.: (Sich) Aufgaben stellen. Seelze 2004.

Gropengießer, H.: Denkfiguren zum Lehr-Lern-Prozess. Metaphernanalyse nach der Theorie des erfahrungsbasierten Verstehens. In: H. Gropengießer [u. a.] (Hrsg.): Lehren fürs Leben. Didaktische Rekonstruktion in der Biologie. Köln 2004. S. 8–24.

Gruschka, A: Pädagogisches Sonnenstudio – über den Siegeszug der neurolinguistischen Programmierung. In: Pädagogische Korrespondenz 1995. H. 15. S. 5–21.

Hage, K. [u. a.]: Das Methoden-Repertoire von Lehrern. Eine Untersuchung zum Schulalltag der Sekundarstufe I. Opladen 1985.

Hanke, P.: Öffnung des Unterrichts in der Grundschule. Lehr-Lernkulturen und orthographische Lernprozesse im Grundschulbereich. Münster 2005.

Heimann, P.: Didaktik als Unterrichtswissenschaft. Stuttgart 1976.

– / Otto, G. / Schulz, W.: Unterricht – Analyse und Planung. Hannover 1965.

Helmke, A.: Unterrichtsqualität erfassen, bewerten, verbessern. Seelze 2003; Seelze/Stuttgart [6]2007.

– Was wissen wir über guten Unterricht? In: PÄDAGOGIK 58 (2006) H. 2. S. 42–45.

Hericks, U.: Entwicklung von Professionalität im Lehrerberuf. Wiesbaden 2006.

– / Spörlein, E.: Entwicklungsaufgaben in Fachunterricht und Lehrerbildung – Eine Auseinandersetzung mit einem Zentralbegriff der Bildungsgangdidaktik. In: U. H. [u. a.] (Hrsg.): Bildungsgangdidaktik. Opladen 2001. S. 33–50.

Herrmann, U. (Hrsg.): Neurodidaktik. Grundlagen und Vorschläge für gehirngerechtes Lehren und Lernen. Weinheim 2006.

Ipfling, H.-J. (Hrsg.): Unterrichtsmethoden der Reformpädagogik. Bad Heilbrunn 1992.

Jank, W. / Meyer, H.: Didaktische Modelle. Oldenburg 1990. Neuaufl. Berlin ⁵2002.

Kirschner, P. A. / Sweller, J. / Clark, R. E.: Why minimal Guidance during Instruction does not work: An Analysis of the Failure of Constructivist, Discovery, Problem-based, Experiential, and Inquiry-based Teaching. In: Educational Psychologist 41 (2006) S. 75–86.

Klafki, W.: Das pädagogische Problem des Elementaren und die Theorie der kategorialen Bildung. Weinheim 1957.

– Studien zur Bildungstheorie und Didaktik (1963). Weinheim 1963; ¹⁰1975.

– Neue Studien zur Bildungstheorie und Didaktik. Zeitgemäße Allgemeinbildung und kritisch-konstruktive Didaktik. Weinheim 1985; ⁵1996.

Klieme, E. [u. a.]: Zur Entwicklung nationaler Bildungsstandards – Eine Expertise. Frankfurt a. M. 2003.

– Empirische Unterrichtsforschung: aktuelle Entwicklungen, theoretische Grundlagen und fachspezifische Befunde. In: Zeitschrift für Pädagogik 52 (2006) S. 765–773.

Kösel, E.: Subjektive Didaktik. Die Modellierung von Lernwelten. Freiburg i. Br. 1991; Elztal-Dallau ³1993.

Kovalik, S. J. / Olsen, K. D.: Exceeding Expectations: A User's Guide to implement Brain Research in the Classroom. Covington 2001.

Krapp, A. / Weidenmann, B. (Hrsg.): Pädagogische Psychologie. Ein Lehrbuch. Weinheim 2001. S. 601–646.

Kron, F.: Grundwissen Didaktik. München 1993; ⁴2004.

Künzel, K. (Hrsg.): Informelles Lernen. Köln 2005. (Internationales Jahrbuch der Erwachsenenbildung. 31/32.)

Lenzen, D.: Handlung und Reflexion. Vom pädagogischen Theoriedefizit zur reflexiven Erziehungswissenschaft. Weinheim 1996.

Lipowsky, F.: Was wissen wir über guten Unterricht? In: Meyer, H. L. [u. a.] (Hrsg.): Unterrichtsentwicklung und Lehrerkompetenz. Seelze 2007. S. 26–30. (Jahresheft 2007 des Friedrich-Verlags.)

Loser, F. / Terhart, E. (Hrsg.): Theorien des Lehrens. Stuttgart 1977.

Lüders, M.: Unterricht als Sprachspiel. Eine systematische und empirische Studie zum Unterrichtsbegriff und zur Unterrichtssprache. Bad Heilbrunn 2002.

Marrou, H. I.: Geschichte der Erziehung im klassischen Altertum. Aus dem Frz. übers. von Charlotte Beumann. Freiburg [u. a.] 1957. Neuaufl. München 1977.

Mayr, Joh. / Neuweg, G. H.: Der Persönlichkeitsansatz in der Lehrer/innen/forschung. In: U. Greiner / M. Heinrich (Hrsg.): Schauen, was 'rauskommt. Kompetenzförderung, Evaluation und Systemsteuerung im Bildungswesen. Münster 2006.

Meyer, H.: Unterrichtsmethoden. 2 Bde. Frankfurt a. M. 1987.

– Was ist guter Unterricht? Berlin 2004.

– / Meyer, M.: Wolfgang Klafki. Eine Didaktik für das 21. Jahrhundert? Weinheim 2007.

Meyer, M.: Die Bildungsgangforschung als Rahmen für die Weiterentwicklung der allgemeinen Didaktik. In: B. Schenk (Hrsg.): Bausteine einer Bildungsgangtheorie. Wiesbaden 2005. S. 17–46.

– / Reinhartz, S. (Hrsg.): Bildungsgangdidaktik. Denkanstöße für pädagogische Forschung und schulische Praxis. Opladen 1998.

Morine-Dershimer, G.: »Family Connections« as a Factor in the Development of Research on teaching. In: V. Richardson (Hrsg.): Handbook of Research on Teaching. New York ⁴2001. S. 47–68.

Müllges, U. (Hrsg.): Quellen zur historischen Didaktik und Methodik. Mannheim 1986.

Neuweg, G. H.: Figuren der Relationierung von Lehrerwissen und Lehrerkönnen. In: B. Hackl / G. H. Neuweg (Hrsg.): Zur Professionalisierung pädagogischen Handelns. Münster 2004. S. 1–26.

OECD: Stärkere Professionalisierung des Lehrerberufs. Wie gute Lehrer gewonnen, gefördert und gehalten werden können. Paris 2006.

Oelkers, J.: Erziehen und Unterrichten. Grundbegriffe der Pädagogik in analytischer Sicht. Darmstadt 1985.

Otto, H.-U. / Rauschenbach, Th. (Hrsg.): Die andere Seite der Bildung. Zum Verhältnis von formellen und informellen Bildungsprozessen. Wiesbaden 2004.

Overwien, B.: Stichwort: Informelles Lernen. In: Zeitschrift für Erziehungswissenschaft 8 (2005) S. 339–355.

Peterßen, W.: Kleines Methoden-Lexikon. München 1999.
– Lehrbuch Allgemeine Didaktik. München 1983. ⁶2001.
Petrat, G.: Schulunterricht. Seine Sozialgeschichte in Deutschland 1750–1850. München 1979.
– Schulerziehung. Ihre Sozialgeschichte in Deutschland bis 1945. München 1986.
Popp, W. (Hrsg.): Kommunikative Didaktik. Weinheim 1976.
Preiß, G. (Hrsg.): Neurodidaktik. Theoretische und praktische Beiträge. Pfaffenweiler 1996.
Prenzel, M. / Doll, J. (Hrsg.): Bildungsqualität von Schule: Schulische und außerschulische Bedingungen mathematischer, naturwissenschaftlicher und überfachlicher Kompetenzen. Weinheim 2002. (45. Beih. der Zeitschrift für Pädagogik.)
Reich, K.: Systemisch-konstruktivistische Didaktik. Eine allgemeine Zielbestimmung. In: R. Voß (Hrsg.): Die Schule neu erfinden. Neuwied 1996. S. 70–91.
– Konstruktivistische Didaktik. Lehren und Lernen aus interaktionistischer Sicht. Neuwied 2002; ⁴2004.
Reinmann-Rothmeier, G. / Mandl, H.: Unterrichten und Lernumgebungen gestalten. In: A. Krapp / B. Weidenmann (Hrsg.): Pädagogische Psychologie. Ein Lehrbuch. Weinheim 2001. S. 601–646.
Rheinberg, F. / Bromme, R.: Lehrende in Schulen. In: A. Krapp / B. Weidenmann (Hrsg.): Pädagogische Psychologie. Ein Lehrbuch. München 2001. S. 295–331.
Richardson, V. (Hrsg.): Handbook of Research on Teaching. New York ⁴2001.
Robinsohn, S. B.: Bildungsreform als Revision des Curriculum und ein Strukturkonzept für Curriculumentwicklung. Neuwied 1967; ⁵1975.
Rothland, M. (Hrsg.): Belastung und Beanspruchung im Lehrerberuf. Modelle – Befunde – Interventionen. Wiesbaden 2007.
Rothland, M. / Terhart, E.: Forschung zum Lehrerberuf. In: R. Tippelt / B. Schmidt (Hrsg.): Handbuch Bildungsforschung. Opladen 2002; Wiesbaden ²2009. [i. Dr.].
Schaarschmidt, U.: Situationsanalyse. In: U. Sch. (Hrsg.): Halbtagsjobber? – Psychische Gesundheit im Lehrerberuf – Analyse eines veränderungsbedürftigen Zustandes. Weinheim 2004. S. 41–71.
Schäfer, K.-H. / Schaller, K.: Kritische Erziehungswissenschaft und kommunikative Didaktik. Heidelberg 1971.
Scheffler, I.: Philosophical Models of Teaching. In: C. H. Boyer

(Hrsg.): Philosophical Perspectives for Education. Glenview 1970. S. 378–389.

Schenk, B. (Hrsg.): Bausteine einer Bildungsgangtheorie. Wiesbaden 2005.

Scheunpflug, A. / Wulf, Chr. (Hrsg.): Biowissenschaft und Erziehungswissenschaft. Wiesbaden 2006. (Beih. 5 der Zeitschrift für Erziehungswissenschaft.)

Schirp, H.: Neurowissenschaften und Lernen. Was können neurobiologische Forschungsergebnisse zur Unterrichtsgestaltung beitragen? In: Die deutsche Schule 95 (2003) S. 304–316.

Scholz, G.: Die Unterrichtsformen. Eine problemgeschichtliche Studie. Frankfurt 2005.

Schulz, W.: Unterrichtsplanung. München 1981.

Seidel, T. / Prenzel, M. [u.a.]: Blicke auf den Physikunterricht. Ergebnisse der IPN Videostudie. In: Zeitschrift für Pädagogik 52 (2006) S. 799–821.

Seidel, T. / Shavelson, R. J.: Teaching Effectiveness Research in the Past Decade: The Role of Theory and Research Designs in Disentangling Meta-Analysis Results. In: Review of Educational Research 77 (2007) S. 454–499.

Siebert, H.: Pädagogischer Konstruktivismus. Lernzentrierte Pädagogik in Schule und Erwachsenenbildung. Neuwied 1999; Weinheim ³2005.

Smith, B. O.: Ein Modell des Lehrens. In: F. Loser / E. Terhart (Hrsg.): Theorien des Lehrens. Stuttgart 1997. S. 198–215.

Sousa, D. A.: Brain Research can help Principals reform Secondary Schools. In: NASSP-Bulletin 82 (1998) S. 1–8.

Snow, R. E.: Theory Construction for Research on Teaching. In: R. M. W. Travers (Hrsg.): Second Handbook of Research on Teaching. Chicago 1973.

Spitzer, M.: Lernen. Gehirnforschung und die Schule des Lebens. Heidelberg 2002.

Spychiger, M.: Lernforschung. Ein Blick in die Grundlagen und Anwendungen im Wechsel der psychologischen Paradigmen. Universität Fribourg 2003. (Schriften zur Erziehungswissenschaft. 4).

Stern, E. [u. a.]: Lehr-Lern-Forschung und Neurowissenschaften: Erwartungen, Befunde und Forschungsperspektiven. Hrsg. vom Bundesministerium für Bildung und Forschung. Bonn 2005. (Bildungsreform. 13.)

Terhart, E.: Die Logik des Lehrens. In: Bildung und Erziehung 30 (1977) S. 441–456.
– Lehr-Lern-Methoden. Eine Einführung in die methodische Organisation von Lehren und Lernen. Weinheim 1989; ⁴2005.
– Konstruktivismus und Unterricht. Gibt es einen neuen Ansatz in der Allgemeinen Didaktik? In: Zeitschrift für Pädagogik 45 (1999) S. 629–647.
– Lehrerberuf und Lehrerbildung. Forschungsbefunde, Problemanalysen, Reformkonzepte. Weinheim 2001.
– Nach PISA. Bildungsqualität entwickeln. Hamburg 2002.
– / Uhle, R.: Kommunikative Pädagogik: Versuch einer Bilanzierung. In: D. Hoffmann / H. Heid (Hrsg.): Bilanzierungen erziehungswissenschaftlicher Theorieentwicklung. Weinheim 1991. S. 51–87.
– / Czerwenka, K. / Ehrich, K. / Jordan, F. / Schmidt, H. J.: Berufsbiographien von Lehrern und Lehrerinnen. Frankfurt a. M. 1994.
Tietgens, H.: Die Erwachsenenbildung. München 1981.
Treiber, B. / Weinert, F. E. (Hrsg.): Lehr-Lern-Forschung. Ein Überblick in Einzeldarstellungen. München 1982.
Voß, R. (Hrsg.): LernLust und EigenSinn. Systemisch-konstruktivistische Lernwelten. Heidelberg 2005.
Weinert, F. E.: Lerntheorien und Instruktionsmodelle. In: F. E. W. (Hrsg.): Psychologie des Lernens und der Instruktion. Göttingen 1996. S. 1–48.
– (Hrsg.): Psychologie des Lernens und der Instruktion. Göttingen 1996.
– (Hrsg.): Psychologie der Schule und des Unterrichts. Göttingen 1997.
– / Helmke, A.: Der gute Lehrer: Person, Funktion oder Fiktion? In: A. Leschinsky (Hrsg.): Die Institutionalisierung von Lehren und Lernen. Weinheim 1996. S. 223–233. (34. Beih. der Zeitschrift für Pädagogik.)
Welbers, U. (Hrsg.): Vermittlungswissenschaften. Wissenschaftsverständnis und Curriculumentwicklung. Düsseldorf 2003.
Weniger, E.: Didaktik als Bildungslehre. Tl. 1: Theorie der Bildungsinhalte und des Lehrplans [1930]. Weinheim ⁹1971.
Westbury, I. / Hopmann, St. / Riquarts, K. (Hrsg.): Teaching as a Reflective Practice. The German Didaktik Tradition. London 2000.

Willmann, O.: Didaktik als Bildungslehre nach ihren Beziehungen
    zur Sozialforschung und zur Geschichte der Bildung (1889).
    Braunschweig ⁶1923.
Winkel, R.: Die kritisch-kommunikative Didaktik. In: Wester-
    manns pädagogische Beiträge 32 (1980) S. 200–204.
Wuttke, E.: Unterrichtskommunikation und Wissenserwerb. Zum
    Einfluss von Kommunikation auf den Prozess der Wissensgene-
    rierung. Frankfurt a. M. 2005.

Liste der Abbildungen und graphischen Darstellungen